中村《なかむら》 哲《てつ》

命の水で砂漠《さばく》を緑にかえた医師《いし》

濱野京子・文

伝記を読もう

もくじ

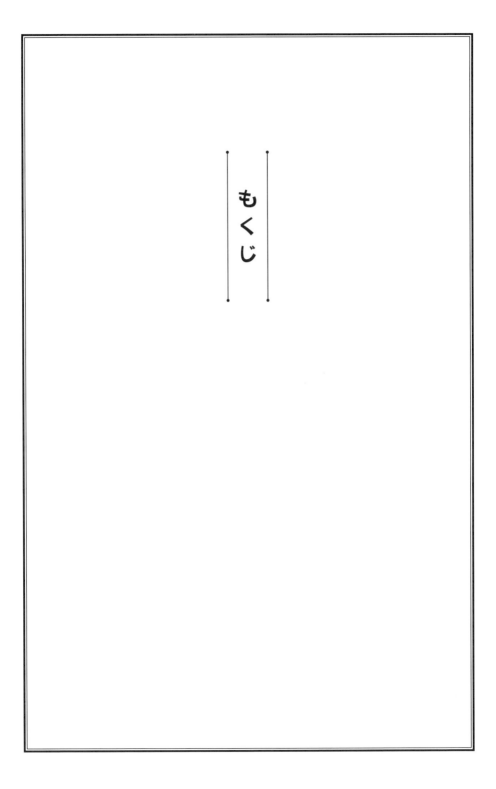

はじめに

二〇一九（令和元《れいわ》）年十二月四日。

アフガニスタン東部のジャララバードを移動《いどう》していた車が銃撃《じゅうげき》され、その車に乗っていた中村哲《なかむらてつ》医師《いし》をふくむ六人の尊《とうと》い命がうばわれました。

中村哲《なかむらてつ》が亡《な》くなったというニュースは、多くの人に衝撃《しょうげき》をあたえ、日本だけでなく世界中から、死を悲しむたくさんの声がよせられました。

中村哲《なかむらてつ》という人は、何をした人なのでしょうか。

哲《てつ》がパキスタンのペシャワールや、アフガニスタン東部で医療《いりょう》活動をしていた時、深刻《しんこく》な干《かん》ばつがおそいました。井戸《いど》はかれ、砂漠化《さばくか》が進み、そのため水や食糧《しょくりょう》が不足《ふそく》して、多くの命が失《うしな》われていくのを目《ま》の当たりにした哲《てつ》は、病気はあとで治《なお》すから生きていてほしい――そんな思いから井戸《いど》を掘《ほ》り、さらには、農地を復活《ふっかつ》させるために用水路の建設《けんせつ》を行いました。

中村哲《なかむらてつ》の現地《げんち》での活動は三五年におよび、住民《じゅうみん》たちからも、ドクターサーブ（先生さま）と呼《よ》ばれてしたわれていました。

伝記《でんき》として本になるのは、多くはすでに亡《な》くなって時間が経《た》った歴史《れきし》上《じょう》の人物です。けれども、哲《てつ》は第二次世界大戦後《たいせんご》に生まれた、いわば、私《わたし》たちと同時代の人で、本来なら伝記《でんき》になるにはまだ早いともいえます。そして、もしもあの襲撃《しゅうげき》がなければ、今もアフガニスタンで活動をしていたことでしょう。

貧困《ひんこん》や環境《かんきょう》問題の悪化など、世界が多くの問題に直面している現在《げんざい》、命とは何か、平和とは何か、私《わたし》たちにとって本当に大切なことは何か――中村哲《なかむらてつ》という人の生き方を通して、考えてくださることを願《ねが》っています。

一　虫好《ず》きの少年時代

中村哲《なかむらてつ》は、一九四六（昭和《しょうわ》二十一）年の九月十五日、福岡市《ふくおかし》で生まれました。日本がアジア・太平洋戦争《せんそう》でアメリカやイギリスなどの連合軍《れんごうぐん》に敗《やぶ》れた翌年《よくねん》で、ほかの多くの都市と同じように、福岡市《ふくおかし》も空襲《くうしゅう》の被害《ひがい》から立ち直ってはいない、そんなころでした。

二年後に、両親の生まれ故郷《こきょう》である若松市《わかまつし》（現在《げんざい》の北九州市《きたきゅうしゅうし》若松区《わかまつく》）にもどり、ここで哲《てつ》は少年時代を過《す》ごすことになります。若松《わかまつ》は、母の秀子《ひでこ》のしんせきが集まっている場所でした。父、勉《つとむ》の親族の多くは福岡《ふくおか》の空襲《くうしゅう》で亡《な》くなってしまったので、哲《てつ》にとってしんせきといえば、母親の実家である玉井家《たまいけ》の人がほとんどでした。

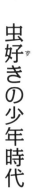

母の兄、つまり哲《てつ》の伯父《おじ》にあたる玉井勝則《たまいかつのり》は、火野葦平《ひのあしへい》というペンネームで、昭和《しょうわ》時代に活やくした小説家《しょうせつか》です。とてもたくさんの本を書いた人で、哲《てつ》も子どものころから葦平《あしへい》の本を読んでいました。

葦平《あしへい》の代表作の一つに『花と龍《りゅう》』という小説《しょうせつ》があります。これは、葦《あし》平《へい》の実の両親をモデルにした長編小説《ちょうへんしょうせつ》で、登場人物たちはみな実名でえがかれています。父母、つまり哲《てつ》の祖父母《そふぼ》も、本名の玉井金五郎《たまいきんごろう》、玉井《たまい》マンとして、また葦平《あしへい》も勝則《かつのり》として登場します。

港で荷物の船積《ふなづ》みや陸《りく》あげを行う、沖仲仕《おきなかし》という仕事をしていた祖父《そふ》は、石炭を運ぶ仕事などをする玉井組《たまいぐみ》をつくりました。明治《めいじ》時代から大正《たいしょう》、昭和《しょうわ》とかけぬけた金五郎《きんごろう》、そしてマンの姿《すがた》は、『花と龍《りゅう》』の中で、とても生き生きとえがかれています。

祖父母《そふぼ》とも、曲がったことがきらいで肝《きも》のすわった人でした。港で働《はたら》く人びとの中には、気があらい人もいて、時には同業者との争《あらそ》いごとも起こりましたが、金五郎《きんごろう》は、暴力《ぼうりょく》にくっすることなく正々堂々《せいせいどうどう》と立ち向かい、若松市議会議員《わかまつしぎかいぎいん》も務《つと》めました。

哲《てつ》は顔立ちが祖父《そふ》によく似《に》ていたので、金五郎《きんごろう》を知っている人は大人になってからの哲《てつ》を見て、おどろいたそうです。大人に通っていたころに亡《な》くなりましたが、祖母《そぼ》のマンは、祖父《そふ》の死後は一族の中心となり、玉井家《たまいけ》はこの祖母《そぼ》なしにはまとまらないという状態《じょうたい》でした。祖母《そぼ》はたいへんしつけの厳《きび》しい人で、幼《おさな》い哲《てつ》もお説教《せっきょう》をされることがありました。そんなマンから、哲《てつ》は多くのことを学びました。弱い者は進んでかばうこと、職業差別《しょくぎょうさべつ》をしてはならないこと、小さな生き物の命を大切にすること……哲《てつ》が当たり前のように身につけたこうした考え方は、マンの教えだったのです。

哲《てつ》の父である勉《つとむ》は、大学中退後《ちゅうたいご》、若松市《わかまつし》の会社で働《はたら》いていた時に火野《ひの》葦平《あしへい》と知り合い、その妹の秀子《ひでこ》と結婚《けっこん》しました。秀子《ひでこ》は父親の金五郎《きんごろう》から結婚《けっこん》を反対されたために家を飛《と》び出して、そのころとしてはめずらしい恋愛結婚《れんあいけっこん》をしました。のちには金五郎《きんごろう》からも認《みと》められ、玉井組《たまいぐみ》の仕事を引きうける中村組《なかむらぐみ》を立ち上げました。

勉《つとむ》は砂鉄《さてつ》を取る権利《けんり》を得《え》て、砂鉄《さてつ》取りの仕事をしていたことがありました。子どものころの哲《てつ》は、父のその仕事を見るのが好《す》きでした。箱のような機械《きかい》で、砂鉄《さてつ》を取るのがおもしろかったのです。

哲《てつ》には、一四歳《さい》はなれた姉の共子《ともこ》がいました。哲《てつ》にとってはいわば育ての親といってもいいような人で、哲《てつ》もしたっていました。

小学校一年までを若松《わかまつ》で過《す》ごした哲《てつ》は、その後、福岡市《ふくおかし》に近い古賀町《こがまち》（現在《げんざい》の古賀市《こがし》）に引っこしてきました。

幼《おさな》いころの哲《てつ》はあまり丈夫《じょうぶ》ではなく、よく病気をしていました。早くに文字を覚《おぼ》えた頭のいい子どもでしたが、外では遊ばずに、大きな湯飲み茶碗《ちゃわん》を手に持ち、家の中でかべによりかかって本ばかり読んでいたので、「ご*隠居《いんきょ》さん」というあだ名がついたとのことです。

ところが、古賀町《こがまち》に移《うつ》って、ある人との出会いがきっかけで、哲《てつ》の暮《く》らしぶりが大きく変《か》わることになりました。

それは、哲《てつ》が小学校の三年生の時でした。同級生の父親である吉川《きっかわ》さんという人が、チョウを集めていて、近くの野山に行く時に、哲《てつ》のこともさそってくれるようになったのです。

ある時、哲《てつ》はとても美しい虫を見せてもらいました。虫ピンでさされていたその虫は、体長が一センチ五ミリほどで、紺青《こんじょう》と赤の模様《もよう》が照《て》りかがやいていました。

「これは、日本のものですか？」

哲《てつ》が聞くと、

「そうだよ。近くの山のどこにでもいるから、今度、いっしょに行った

*隠居《いんきょ》　家業などの地位《ちい》からしりぞいて、静《しず》かに暮《く》らすこと。

時に取ってあげるよ。」

と、吉川《きっかわ》さんは答えました。

数日後、いっしょに山に行った哲《てつ》は小さなバッタのような虫を見つけました。その虫は、ぴょんと飛《と》んで、哲《てつ》が歩く数メートル先に降《お》りました。降《お》りた場所に近づくと、またぴょんと飛《と》んで行きます。

吉川《きっかわ》さんは、虫取り網《あみ》でつかまえると、指先でつまんでいいました。

「これが、この前、家で見せてあげた虫だよ。ハンミョウというんだ。つかんでごらん。」

哲《てつ》がその虫をつかんだ時、指先に痛《いた》みがはしりました。

「うわ！」

するどいあごでかみつかれ、とっさに手をはなすと、ハンミョウはにげていってしまいました。

哲《てつ》は、かみつかれた指をそっと鼻先に持っていきました。

「なんか、においがします。」

「そうだろう？　ハンミョウには、独特《どくとく》のにおいがあるんだ。」

ハンミョウという昆虫《こんちゅう》が持つふしぎなにおいは、果物《くだもの》のようだともいわれますが、哲《てつ》は、新しい鉛筆《えんぴつ》を削《けず》った時みたいなにおいだ、と感じました。

吉川《きっかわ》さんは、こんなことも教えてくれました。

「ほら、人が近づくと飛《と》んではなれて、また近づくとはなれていくだろう。まるで道案内《あんない》をしているみたいだから、ハンミョウにはミチオシエという名前もあるんだよ。」

昆虫《こんちゅう》だけでなく、自然《しぜん》のことをよく知っていた吉川《きっかわ》さんからは、ほかの動物や植物のこと、鉱物《こうぶつ》のこと、天候《てんこう》のことなど、さまざまなことを教わったのでした。

その日から、お休みの日となれば、昆虫採集《こんちゅうさいしゅう》のために、一人でも山に出かけるようになったのです。

そのころ、哲《てつ》は一日一〇円のおこづかいをもらっていたのですが、それをやめて、日曜日にまとめてもらうようにしました。それで、バスで往復《おうふく》三〇円のところにある山のふもとまで行くのです。

出かける日は、朝の五時に起きて、おにぎりをつくり、水筒《すいとう》にお茶を入れて準備《じゅんび》します。まるで遠足のようで、日曜日が待ち遠しくてしかたがありませんでした。

こうして出会った多くの虫たち。コガネムシ、ゴミムシ、水中で生活する虫たち……。昆虫《こんちゅう》の世界はなんと無限《むげん》の豊《ゆた》かさを持っていることでしょう。

山歩きをするようになったおかげで、だんだんと足腰《あしこし》がきたえられ、哲《てつ》は丈夫《じょうぶ》な子どもに変《か》わっていきました。この変化《へんか》を、両親は、

「大病をしたこともある哲《てつ》が、こんなに元気になって。」

▲昆虫《こんちゅう》が大好《だいす》きな
子どものころの哲《てつ》
（写真：ペシャワール会）

◀ハンミョウ

と、とても喜《よろこ》びました。

山を歩くことのほかにも、夢中《むちゅう》になったものがあります。それは、ファーブルの『昆虫記《こんちゅうき》』でした。その本を読んで、いつしか哲《てつ》は、ファーブル博士《はかせ》のように、田舎《いなか》で虫に囲《かこ》まれて虫の研究をして暮《く》らしたい、と思うようになっていました。

小学校を卒業《そつぎょう》した哲《てつ》が進学したのは、西南学院《せいなんがくいん》中学校です。

中学生の時、哲《てつ》の祖母《そぼ》のマンが亡《な》くなりました。そして、もう一人、大切な人を亡《な》くします。売れっ子の作家として玉井家《たまいけ》を支《ささ》えていた伯父《おじ》の火野葦平《ひのあしへい》が、自ら命を絶《た》ってしまったのです。

中学時代に、哲《てつ》は自分の人生に大きな影響《えいきょう》をあたえるものと出会います。学校がキリスト教の教えを広めることを目的《もくてき》としてつくったミッション・スクールだったので、生徒《せいと》たちはキリスト教と向き合うことになり、哲《てつ》は、洗礼《せんれい》をうけてキリスト教徒《きょうと》になりました。ただ、それは、キリスト教の教えに心からひかれたというよりも、キリスト教の思想家である、内村鑑三《うちむらかんぞう》の考えを知ったことが、大きかったのです。とりわけ、内村《うちむら》の『後世《こうせい》への最大遺物《さいだいいぶつ》』という本は、哲《てつ》の心を激《はげ》しくゆさぶったのでした。たとえば、弱い者を助けるため「だれもが行きたがらないところへ行け」などとその本に書いてあったのです。

二 医学への道

一九六二（昭和《しょうわ》三十七）年、哲《てつ》は県立福岡《ふくおか》高校に進学しました。そのころの哲《てつ》は、高校を卒業《そつぎょう》したあとは、九州《きゅうしゅう》大学農学部の昆虫《こんちゅう》学科に進みたいと考えていました。昆虫《こんちゅう》の世界に心をうばわれていた哲《てつ》は、当時出版《しゅっぱん》されたばかりの蝶類《ちょうるい》の図鑑《ずかん》を、隅《すみ》から隅《すみ》まで読んでいたのですが、その図鑑《ずかん》の著者《ちょしゃ》、白水隆《しろうずたかし》が、九州《きゅうしゅう》大学の農学部で教授《きょうじゅ》をしていたのです。

けれども、自分の希望《きぼう》を父にいいだすことはできませんでした。哲《てつ》の父はとても厳《きび》しい人で、昆虫《こんちゅう》研究などというのは、ただの趣味《しゅみ》だと思われて反対されることが、わかっていたからです。

父は、日ごろから哲《てつ》に向かって、

「世の中のお役に立たなければいけけん。おまえはそんためにに生まれてきたんだ。」

と、話していました。

大学に進学するにしても、りっぱな理由がなければ父は認《みと》めてくれないと思った哲《てつ》は、医学部に進学することにしました。それというのも、しんせきに一人ぐらい医者がいたらいい、と父が口にしていたのを覚《おぼ》えていたからです。また、そのころの日本には、まだ医者のいない地区がたくさんありました。そこで、哲《てつ》は、

「医者になって医者のいないところに行って働《はたら》き、国の役に立ちたい。」

と父に告《つ》げると、父はいいました。

「そういうことならがんばりなさい。」

父に進路を認《みと》められたものの、哲《てつ》はまだ、昆虫《こんちゅう》への夢《ゆめ》を捨《す》てきれませ

んでした。ひそかに、大学に入学したあとで、医学部から農学部へ移《うつ》れないだろうか、などと考えていたのです。

ところが、医学部は他の学部より学費《がくひ》もかかるし、学ぶのに必要《ひつよう》な医学書なども高いのです。父が、学費《がくひ》を出すために借金《しゃっきん》をしていることを知った哲《てつ》は、父の思いをむだにしてはならないと考え直しました。

九州《きゅうしゅう》大学医学部に進学した哲《てつ》は、医学にはさまざまな専門《せんもん》がある中で、精神科《せいしんか》を選《えら》びました。

それには二つの理由がありました。一つは、精神科《せいしんか》ならば、比較的《ひかくてき》時間によゆうがありそうだったので、昆虫観察《こんちゅうかんさつ》や山歩きの時間もとれるのではないかと考えたこと。

もう一つは、精神科医《せいしんかい》であったヴィクトール・フランクルという人が書いた『死と愛《あい》』という本をドイツ語で読んで、そのころ悩《なや》んでいたことから救《すく》われて、気持ちが楽になったからでした。フランクルは、ユダヤ系《けい》のオーストリア人で、ナチスの強制収容所《きょうせいしゅうようじょ》での過酷《かこく》な体験《たいけん》をもとに書いた『夜と霧《きり》』の著者《ちょしゃ》として有名です。

一九六八（昭和《しょうわ》四十三）年の一月、アメリカ軍《ぐん》の原子力空母・エンタープライズ号が長崎県《ながさきけん》の佐世保《させぼ》港に入港し、また、六月には、アメリカ軍《ぐん》のジェット機《き》が九州《きゅうしゅう》大学に墜落《ついらく》するという事故《じこ》を起こしました。その結果《けっか》、全国の平和団体《だんたい》や学生たちが、アメリカ軍《ぐん》や寄航《きこう》を認《みと》めた日本政府《せいふ》への抗議《こうぎ》運動をくり広げました。そのころは、長崎《ながさき》の原爆《げんばく》や、各地《かくち》での空襲《くうしゅう》の記憶《きおく》が生々《なまなま》しく残《のこ》っていたこともあって、哲《てつ》の通う九州《きゅうしゅう》大学でも、学生たちが抗議《こうぎ》活動を行い、哲《てつ》もその渦《うず》に巻《ま》きこまれることになりました。

また、ベトナム戦争《せんそう》が激《はげ》しくなっていたために、世界中でベトナム戦《せん》争《そう》に反対する運動が起こっており、日本でも学生運動が盛《も》り上がりをみせていました。しかし、学生運動が過熱《かねつ》して仲間割《なかまわ》れをしていく様子を見て、疑問《ぎもん》を感じるようになった哲《てつ》は、やがて運動からはなれていきました。

一九七三（昭和《しょうわ》四十八）年に大学を卒業《そつぎょう》した哲《てつ》が、最初《さいしょ》に勤《つと》めることになったのは、佐賀県《さがけん》にある国立肥前療養所《ひぜんりょうようじょ》でした。その数年後には、大牟田市《おおむたし》にある労災《ろうさい》*病院で、精神科医《せいしんかい》として勤務《きんむ》するようになりました。もちろん、実際《じっさい》の精神科医《せいしんかい》は、哲《てつ》が予想したようなヒマな仕事であるはずもなく、精神的《せいしんてき》なことで悩《なや》む人に向き合うのは、簡単《かんたん》なことではなかったのです。患者《かんじゃ》と接《せっ》する中で、哲《てつ》は、人間について深く考えるようになっていきました。

この大牟田《おおむた》時代の一九七八（昭和《しょうわ》五十三）年六月、哲《てつ》は、福岡登高会《ふくおかとこうかい》という登山隊《とざんたい》の医師《いし》として、ティリチ・ミール遠征隊《えんせいたい》に参加《さんか》しました。

*労災病院《ろうさいびょういん》　働《はたら》く人たちを支《ささ》えるためにつくられた病院。

予定していた医師《いし》が行けなくなったので、山が好《す》きな哲《てつ》に声がかかったのです。この時、哲《てつ》に参加《さんか》するようにさそったのが、遠征隊長《えんせいたいちょう》の池邊勝《いけべかつ》利《とし》でした。

「チョウがお好《す》きだそうですね。」

その言葉が、哲《てつ》の心を動かす理由の一つになりました。日本のモンシロチョウの故郷《こきょう》が、そのあたりであることを知っていた哲《てつ》は、一度この目で見てみたいと思ったのです。

ティリチ・ミールというのは、パキスタンの北部、アフガニスタンとの国境《こっきょう》近くにある、ヒンズークッシュ山脈《さんみゃく》で一番高い山で、標高《ひょうこう》が七七〇八メートルのとても美しい山です。まばゆいばかりの白い雪をいただく峰《みね》に、哲《てつ》は心をうばわれました。

遠征《えんせい》のとちゅうで、現地《げんち》の人の病気を診《み》たり、薬をあたえることもありました。山岳隊《さんがくたい》の貴重《きちょう》な薬を使うことに反対する人もいましたが、哲《てつ》は病気の人をほうっておくことはできなかったのです。

パキスタンとアフガニスタン国境《こっきょう》の山岳地帯《さんがくちたい》がすっかり気に入った哲《てつ》は、その後も、機会《きかい》を見つけてはこの場所を訪《おとず》れるようになりました。

一九七九（昭和《しょうわ》五十四）年に結婚《けっこん》した哲《てつ》は、その年の十二月に妻《つま》の尚《なお》子《こ》とともに、ペシャワールからカイバル峠《とうげ》へと向かいました。

ペシャワールののんびりとした人情《にんじょう》と町並《まちな》みは、尚子《なおこ》も気に入ったようでしたが、この時、哲《てつ》は尚子《なおこ》から、

「まさか、こんなところで生活することはないでしょうね。おもしろそうなところだけれど……」

といわれました。

「何をばかなことをいっているんだ。」

そう答えて哲《てつ》は笑《わら》いました。

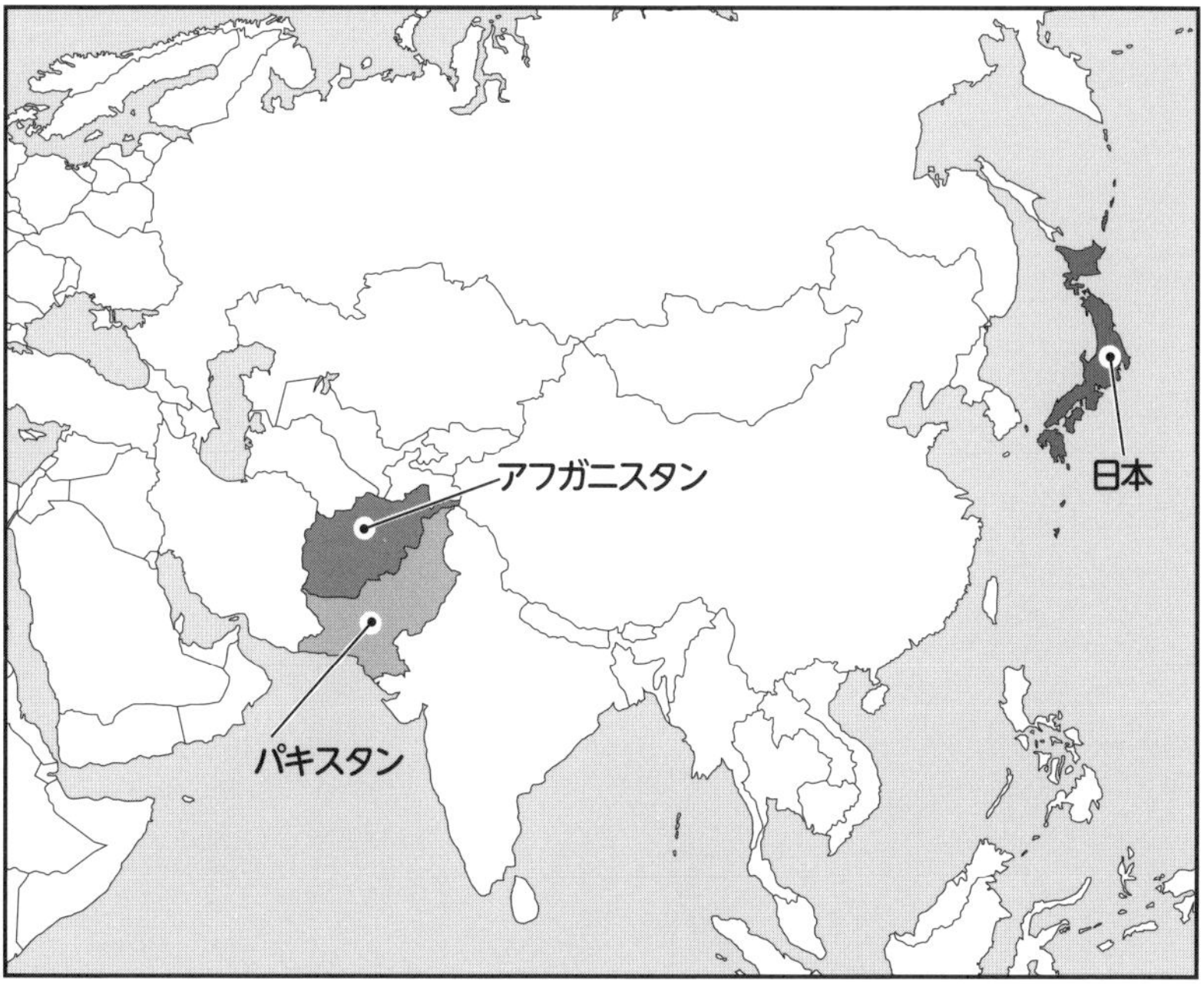
アフガニスタン
日本
パキスタン

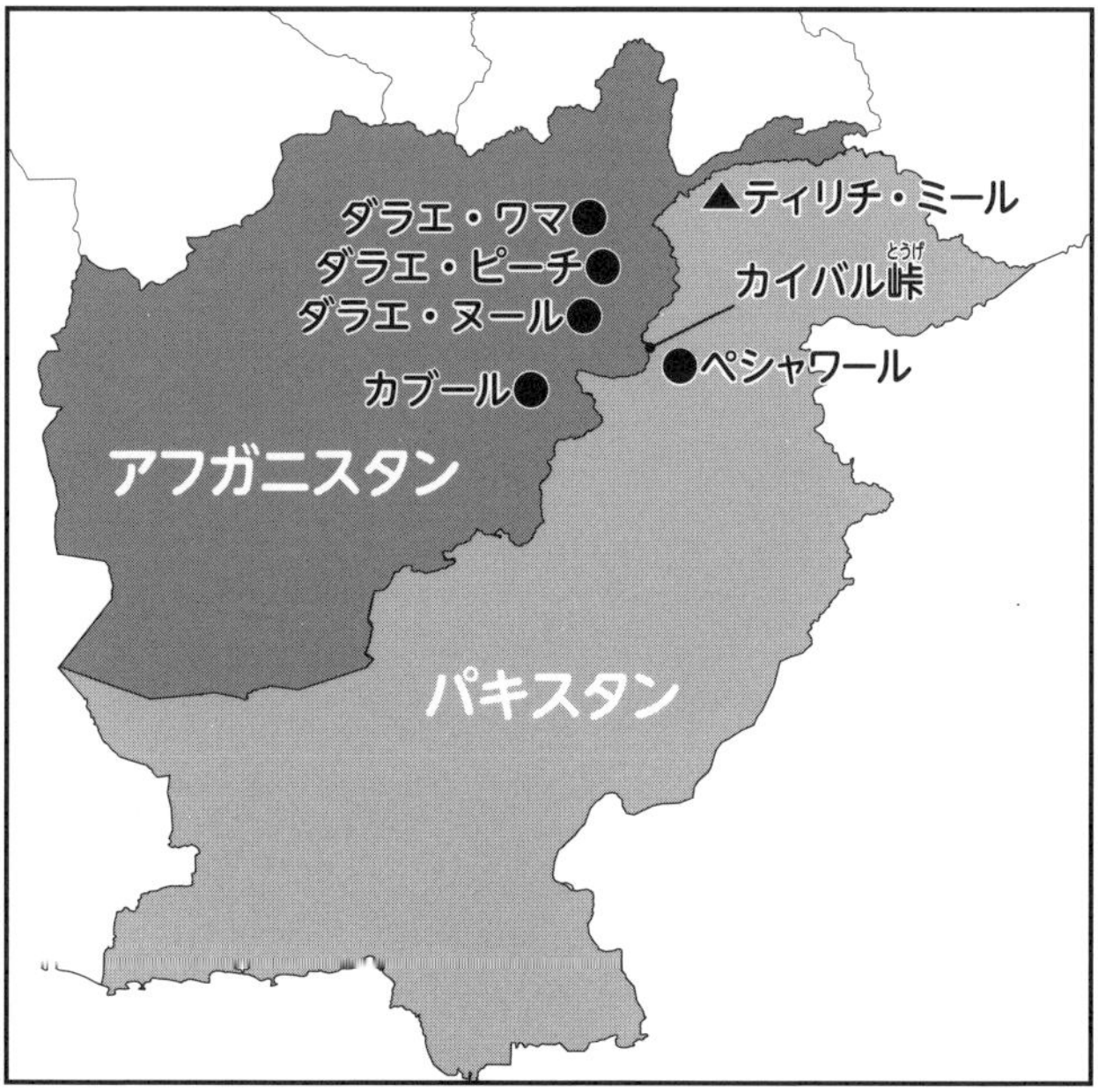
ダラエ・ワマ
ダラエ・ピーチ
ダラエ・ヌール
カブール
ティリチ・ミール
カイバル峠《とうげ》
ペシャワール
アフガニスタン
パキスタン

そのころは、のちに、ペシャワールと深く関《かか》わることになるとは、哲《てつ》自身、思いもよらなかったのでした。

大牟田市《おおむたし》の労災《ろうさい》病院で四年働《はたら》いたあと、哲《てつ》は先輩《せんぱい》が開業した脳神経外《のうしんけいげ》科《か》病院で、副院長《ふくいんちょう》として働《はたら》くことになりました。哲《てつ》は、ここで長く働《はたら》く心づもりでいました。

ところが、この病院時代に、大きな転機《てんき》が訪《おとず》れることになりました。

三　ペシャワールへ

脳神経外科病院《のうしんけいげか》の副院長《ふくいんちょう》として、いそがしく働《はたら》いていた哲《てつ》が、パキスタンのペシャワールで医師《いし》として働《はたら》かないかとたずねられたのは、一九八二（昭和《しょうわ》五十七）年のことです。

その年の四月、日本キリスト教海外医療協力会《いりょうきょうりょくかい》（ＪＯＣＳ）という、医師《いし》や看護師《かんごし》を海外に派遣《はけん》しているＮＧＯ＊に、一人のパキスタン人が訪《おとず》れました。その人は、ペシャワールでもっとも古い病院であるペシャワール・ミッション病院の院長で、日本からの助けを求《もと》めてやってきたのです。

ペシャワールへの支援《しえん》を決めたＪＯＣＳは、哲《てつ》に声をかけました。

＊NGO　社会課題《かだい》に対して営利《えいり》を目的《もくてき》とせずにとりくむ非政府《ひせいふ》の団体《だんたい》。

哲《てつ》は十二月に現地《げんち》を見に行って、一九八三（昭和《しょうわ》五十八）年四月には正式にペシャワールに行くことが決まりました。イギリスに行き、ロンドンで語学の研修《けんしゅう》をうけ、リバプールの熱帯《ねったい》医学校でも研修《けんしゅう》をうけた哲《てつ》は、一九八四（昭和《しょうわ》五十九）年五月、いよいよペシャワールで働《はたら》くことになりました。哲《てつ》は三八歳《さい》でした。

ペシャワールに行くことを、家族はどう思ったのでしょうか。パキスタンは先進国ではありませんし、ほとんどがイスラム教徒《きょうと》で、生活習慣《しゅうかん》も気候《きこう》風土もちがいますが、妻《つま》の尚子《なおこ》は、なかなか度胸《どきょう》のすわった人でしたから、

「あそこはまんざら知らないところでもないから。ほかのところなら別《べつ》だけど。」

と、さらりといいました。

こうして哲《てつ》は、ペシャワール・ミッション病院で働《はたら》きはじめ、少しあ

とには、家族とともにペシャワールで暮《く》らすことになったのでした。哲《てつ》がペシャワールに行くことが決まった時に、哲《てつ》の活動を支《ささ》えるペシャワール会という組織《そしき》が誕生《たんじょう》しました。

ペシャワール会のホームページなどには、「一九八三年九月、中村哲《なかむらてつ》医師《いし》のパキスタンでの医療《いりょう》活動を支援《しえん》する目的《もくてき》で結成《けっせい》された国際《こくさい》NGO団体《だんたい》です」と説明《せつめい》されています。この会をつくるために、哲《てつ》の出身大学である九州《きゅうしゅう》大学の友人や知人が力になってくれました。

ペシャワール会は、哲《てつ》がのちにJOCSからはなれたあとも、引き続《つづ》き、哲《てつ》の活動を支《ささ》え続《つづ》けました。

ペシャワールはパキスタン西北部のカイバル・パクトゥンクワ州の州都です。中央アジアからインドにぬける街道《かいどう》のとちゅうにあり、香料《こうりょう》や絹《きぬ》、綿《めん》などをインドからヨーロッパ方面に運ぶ貿易《ぼうえき》ルートになっていたため、古くから栄《さか》えた都です。夏はとても気温が高く、最高《さいこう》気温は四〇度をこすほどです。

哲《てつ》が働《はたら》く病院は、そんな古都の旧市街《きゅうしがい》の中心にありました。ここで、ハンセン病の患者《かんじゃ》を治療《ちりょう》することになったのです。

ハンセン病というのは、らい菌《きん》によって起こる感染症《かんせんしょう》です。大昔からある病気ですが、一八七三（明治《めいじ》六）年、ノルウェーの医学者ハンセンがらい菌《きん》を発見したところから、ハンセン病と呼《よ》ばれています。昔は、らい病といわれ、おそろしい伝染病《でんせんびょう》と思われていましたが、感染力《かんせんりょく》はとても弱く、親から子へ遺伝《いでん》することもありません。

感染《かんせん》して発病すると、手足などの神経《しんけい》が麻痺《まひ》して、汗《あせ》が出なくなったり、痛《いた》い、熱《あつ》い、冷《つめ》たいなどの感覚《かんかく》がなくなることがあります。また、身体の変形《へんけい》を引き起こすこともあります。日本でも病気になった人びとが人権《じんけん》をうばわれ他の人と引きはなされたり、差別《さべつ》されたりした歴史《れきし》があります。けれども、病気によく効《き》く薬ができた現在《げんざい》は、患者《かんじゃ》の数は減《へ》っていて、日本で新たに病気になる人はわずかです。

しかし、哲《てつ》が赴任《ふにん》したころのパキスタンでは、国全体で二万人もの患《かん》者《じゃ》がいるのに、ハンセン病を専門《せんもん》に治療《ちりょう》する医師《いし》はたった三人しかいませんでした。ペシャワールには、内科や外科《げか》の医師《いし》はたくさんいましたが、ハンセン病の専門医《せんもんい》はいなかったのです。

哲《てつ》はすぐに、

「私《わたし》は、ハンセン病棟《びょうとう》を担当《たんとう》したいと考えています。」

と申し出ました。

こうして診療《しんりょう》活動が始まりましたが、ハンセン病棟《びょうとう》は設備《せつび》が整ったというにはほど遠い状況《じょうきょう》でした。患者《かんじゃ》が二四〇〇人もいるのに、病床数《びょうしょうすう》はわずかに一六、おせばたおれてしまうトロリー車が一台、ねじれたピンセットが数本、耳にはめるとけがをする聴診器《ちょうしんき》が一本、というありさまだったのです。ガーゼの消毒《しょうどく》さえできないので、オーブンであぶって消毒《しょうどく》していました。

こうした診療所《しんりょうじょ》の様子に、日本から見学に来たペシャワール会事務局《じむきょく》長《ちょう》の佐藤雄二《さとうゆうじ》医師《いし》はすっかりショックをうけて、帰国後、募金《ぼきん》活動に力を注いだとのことです。

二年目の一九八五（昭和《しょうわ》六十）年には、病棟《びょうとう》の一室を改造《かいぞう》して手術場《しゅじゅつば》にしました。そこで、動かしにくくなっている目や手足をもとにもどすための手術《しゅじゅつ》を行うのです。四畳《じょう》ほどの小さな手術場《しゅじゅつば》は、手術台《しゅじゅつだい》を置《お》くとスペースによゆうがありません。清潔《せいけつ》を保《たも》つためには、手術着《しゅじゅつぎ》がかべにふれてはいけないので、カニのように横歩きで移動《いどう》します。また、停電《ていでん》が多かったので、懐中電灯《かいちゅうでんとう》で照《て》らしながら手術《しゅじゅつ》することもありました。患者《かんじゃ》を運ぶためのトロリーを買うまでは、手術《しゅじゅつ》した患者《かんじゃ》を、哲《てつ》が背負《せお》って運んだこともありました。

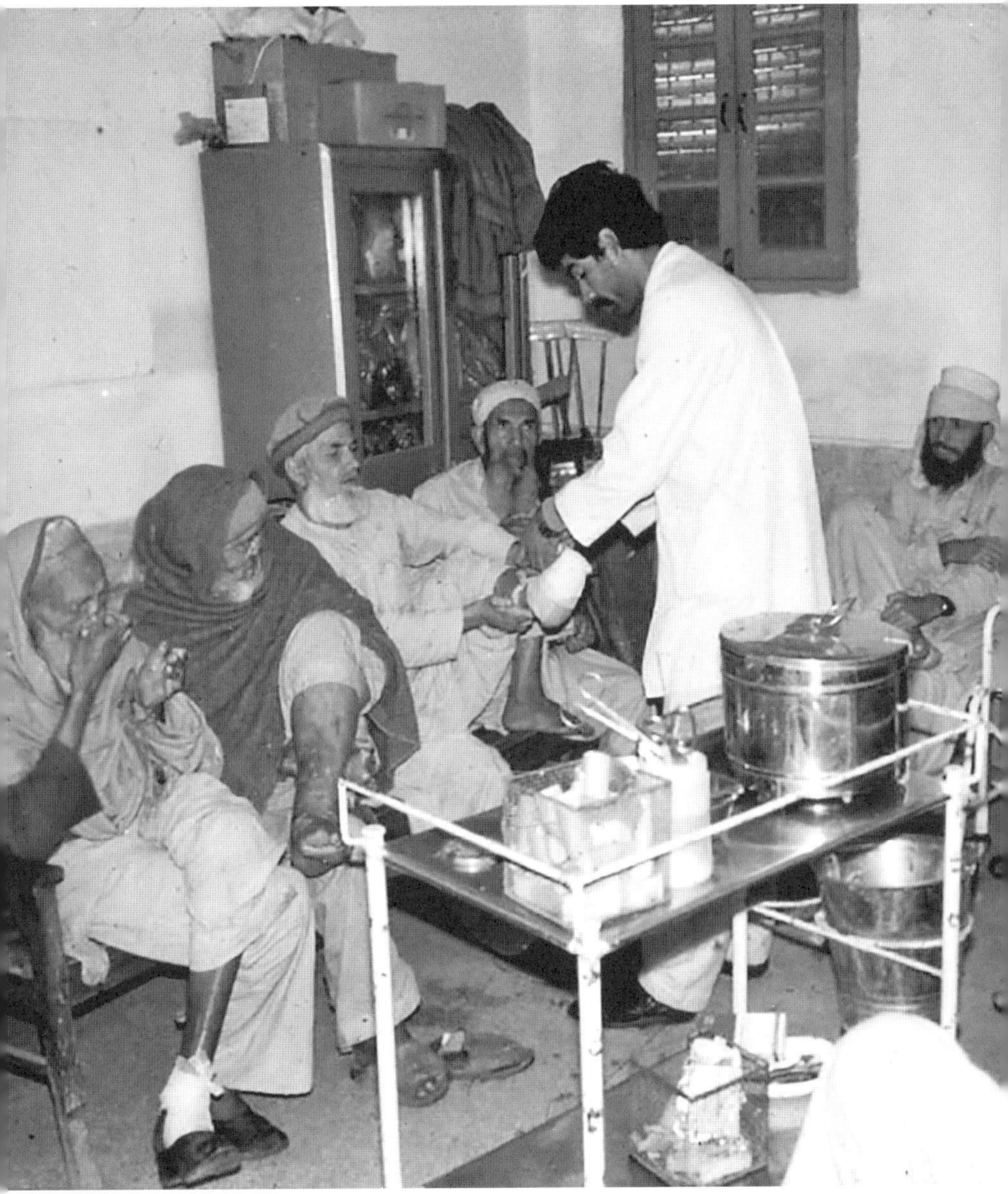

▲当時の診療所《しんりょうじょ》の様子。中央にあるのが、トロリー車と呼《よ》ばれるキャスターつきの医療用《いりょうよう》ワゴン（写真：ペシャワール会）

その後、病棟《びょうとう》を少しずつ大きくして、患者《かんじゃ》も増《ふ》えていったので、哲《てつ》と看護師《かんごし》二人では手がまわらなくなってきました。すると、症状《しょうじょう》の軽い患《かん》者《じゃ》たちが、症状《しょうじょう》の重い人びとの世話をするようになりました。やがて、技術《ぎじゅつ》を身につけた若《わか》い患者《かんじゃ》が、手術《しゅじゅつ》の助手、リハビリから簡単《かんたん》な傷《きず》の処《しょ》置《ち》まで、哲《てつ》を助けて大切な役目を果《は》たすようになっていったのです。

そうこうするうちに、病棟内《びょうとうない》に靴《くつ》屋《や》が誕生《たんじょう》しました。なぜ、靴《くつ》屋《や》なのでしょう。それは、ハンセン病の特《とく》ちょうと関係《かんけい》がありました。この病気は、手足の感覚《かんかく》がわからなくなる麻《ま》痺《ひ》を起こします。痛《いた》みを感じなくなるので、足に傷《きず》をつくりやすいのです。健康《けんこう》な人ならば痛《いた》みに気がついて動かさないようにするので、傷《きず》は治《なお》ります。ところが、麻《ま》痺《ひ》があると気づかずに歩いてしまい、いつのまにか傷口《きずぐち》を痛《いた》めつけてしまうのです。ほうっておくと、皮《ひ》膚《ふ》ガンや骨髄炎《こつずいえん》という病気を起こして、悪い部

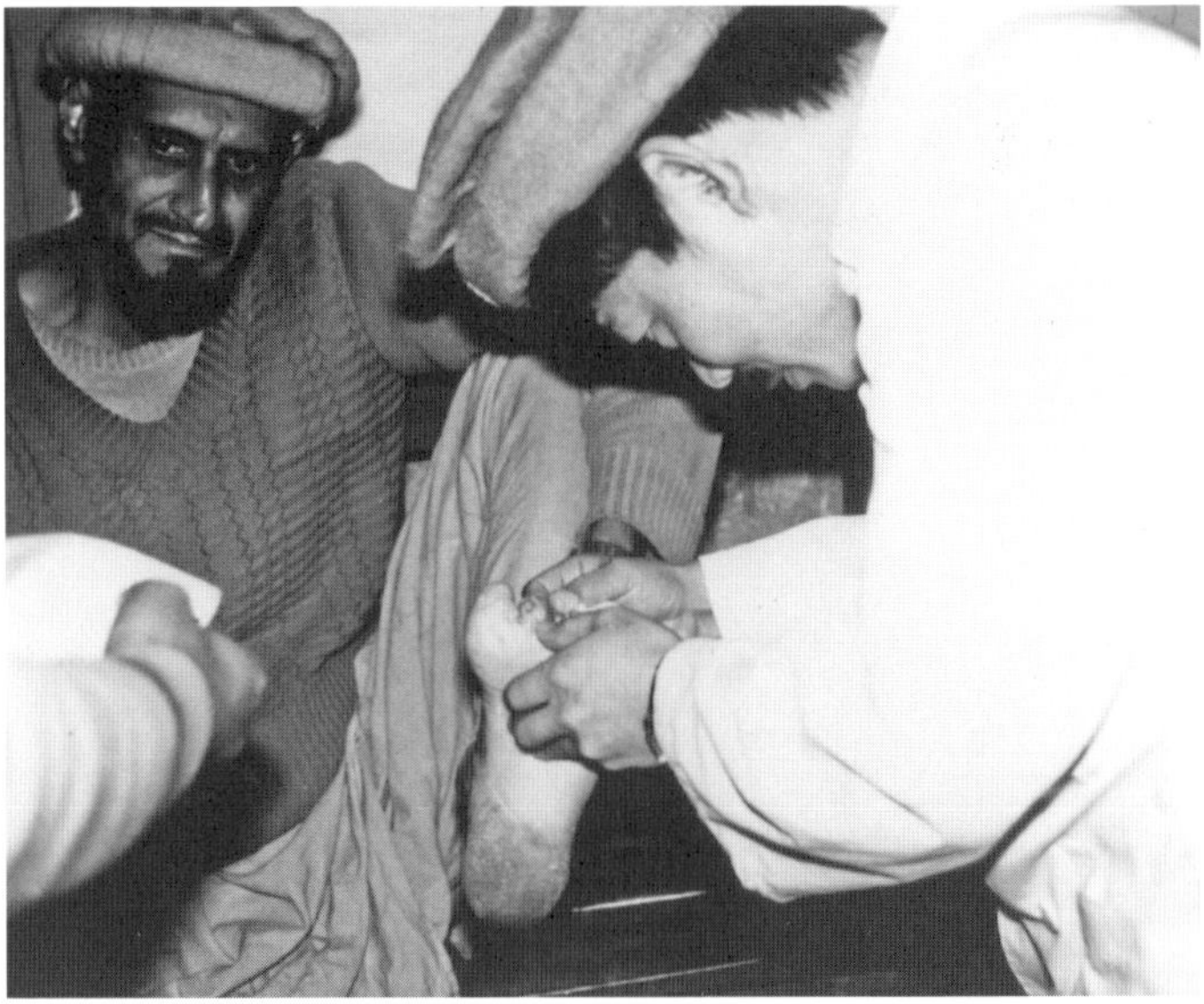

▲足を治療中《ちりょうちゅう》の哲《てつ》
（写真：ペシャワール会）

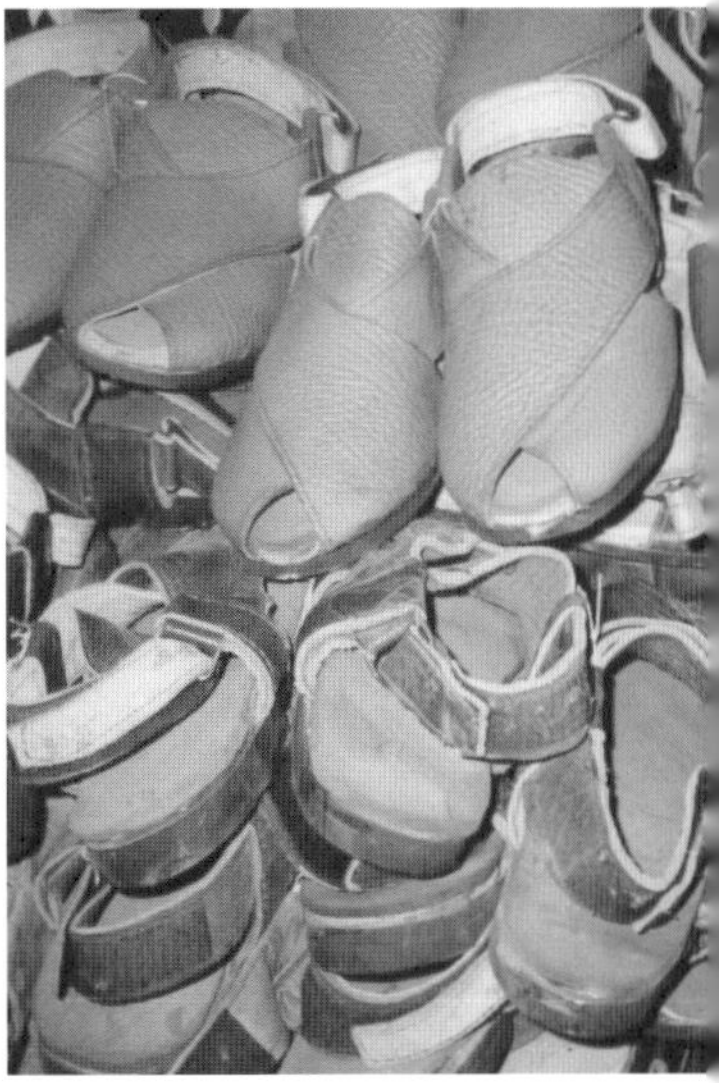

▲患者用《かんじゃよう》に工夫《くふう》してつくられたサンダル
（写真：ペシャワール会）

◀サンダルづくりの様子
（写真：ペシャワール会）

分を切り落とす手術《しゅじゅつ》をしなくてはならない場合もあります。

パキスタンでは多くの人が一年中サンダルをはいているのですが、哲《てつ》は、患者《かんじゃ》のはいているものが、ボロボロでくぎを打って修理《しゅうり》したものであることに気がつきました。これでは傷《きず》ができるのも無理《むり》はありません。そこで、病棟《びょうとう》の一角にサンダル工房《こうぼう》をつくり、靴職人《くつしょくにん》をやとって、サンダルを患者《かんじゃ》に配りました。最初《さいしょ》は、外国のものだからとうけ入れられなかったのですが、できるだけ現地《げんち》で使われているものに形を似《に》せて、さらに靴底《くつぞこ》に平らにしたタイヤを、中じきに特殊《とくしゅ》なスポンジをしいて底を厚《あつ》くし、くぎではなく強い糸を使ってつくりました。やがて、病棟《びょうとう》でつくったサンダルが出回ってからは、足の切断手術《せつだんしゅじゅつ》は減《へ》っていきました。

病気の治療《ちりょう》とは直接関係《ちょくせつかんけい》ないことでも、病気を治《なお》すこと、ひいては命を守ることにつながるのならば、ためらわずに行う、こうした哲《てつ》の行動は、のちに干《かん》*ばつを目《ま》の当たりにして井戸《いど》を掘《ほ》り、用水路の建設《けんせつ》に乗り

*干《かん》ばつ　長期間にわたり雨がほとんど降《ふ》らないため、土地がとても乾燥《かんそう》している状態《じょうたい》。

出すことに通ずるものといえるでしょう。

ペシャワールの病院には、パキスタンの人だけでなくアフガニスタン人の患者《かんじゃ》もいました。なぜでしょうか。

ペシャワールやその周辺《しゅうへん》のパキスタン北西部と、国境《こっきょう》をこえたアフガニスタン東部の一帯《いったい》には、昔から、同じパシュトゥーン族という民族《みんぞく》が住んでいました。つまり、国がちがっても、民族《みんぞく》や文化、言葉はいっしょなのですが、イギリスなどの強国が植民地化《しょくみんちか》を進めた影響《えいきょう》で、国境線《こっきょうせん》が民族《みんぞく》を二つの国に分断《ぶんだん》した形になっているのです。けれども、二六四〇キロメートルにおよぶ長い国境線《こっきょうせん》の、すべてをチェックできるはずもないので、人びとが行き来するのを防《ふせ》ぐことは不可能《ふかのう》なのです。

アフガニスタンは険《けわ》しい山岳地帯《さんがくちたい》と砂漠《さばく》の広がる多民族《たみんぞく》国家です。パキスタンと同じく、人びとはイスラム教を信仰《しんこう》しています。シルクロー*

＊シルクロード　中央アジアを東西に横断《おうだん》する古代の交易路《こうえきろ》で、西洋へは絹《きぬ》が、中国へは羊毛や金などがもたらされた。

ド が通り、昔から「文明の十字路」といわれていました。さまざまな文明の影響《えいきょう》をうけて、豊《ゆた》かな文化遺産《いさん》を持つ一方、長い歴史《れきし》の中で数多くの民族《みんぞく》が栄《さか》えたり勢《いきお》いがおとろえたりしていたために、戦乱《せんらん》の絶《た》えない地域《ちいき》でもありました。また、たびたびロシアやイギリスから支配《しはい》されてきました。

一九七九（昭和《しょうわ》五十四）年、当時の政権《せいけん》はソ連《れん》（現在《げんざい》のロシア）の支《し》援《えん》をうけていました。そのソ連《れん》の軍隊《ぐんたい》がアフガニスタンに攻《せ》めこんできました。政権《せいけん》に反対するイスラム教の勢力《せいりょく》をおさえるためです。やがて、国内は内戦状態《ないせんじょうたい》に入ります。

その結果《けっか》、多くの人びとが難民《なんみん》となって国をはなれ、パキスタンにのがれてきました。

哲《てつ》たちは、パキスタン北部の難民《なんみん》キャンプで、アフガニスタンからの難民《なんみん》たちの診療《しんりょう》を行うようになり、さらには、アフガニスタン東部へと足をのばして、医療《いりょう》活動を行うことになっていくのです。

哲《てつ》がパキスタンに行った翌年《よくねん》の一九八五（昭和《しょうわ》六十）年のことです。そのころは社会情勢《じょうせい》もとても厳《きび》しく、ソ連軍《れんぐん》がペシャワール近郊《きんこう》のカイバル峠《とうげ》にせまっていました。峠《とうげ》では激戦《げきせん》がくりひろげられ、負傷者《ふしょうしゃ》を乗せた車が市内の病院と峠《とうげ》を往復《おうふく》、砲弾《ほうだん》の音が市内まで聞こえてきます。哲《てつ》が勤務《きんむ》する病院では、入りきれない人びとをテントのベッドに入れてねかせました。

ある時、チャダルというかぶりもので全身をおおいつくした二人の姉《し》妹《まい》と母親が、病棟《びょうとう》を訪《おとず》れました。別室《べっしつ》でチャダルをとった姿《すがた》を見たスタッフたちは、思わず息をのみました。この母娘《ははこ》はアフガニスタンのクナール州出身で、長い間治療《ちりょう》をうけていなかったため、ハンセン病の病状《びょうじょう》はたいへんひどいもので、特《とく》に妹のハリマは、顔も変形《へんけい》し、手の指が曲がり、皮膚《ひふ》はぼろぼろでした。

三人は戦争《せんそう》の犠牲者《ぎせいしゃ》でした。クナールでも激《はげ》しい戦《たたか》いがくり広げられていたために、数百万人が難民《なんみん》となって、パキスタン領内《りょうない》の国境地帯《こっきょうちたい》にのがれてきていたのです。とても治療《ちりょう》をうけるよゆうなどありませんでした。

幸い、母と姉は治療《ちりょう》の効果《こうか》があって退院《たいいん》することができました。しかし、妹のハリマは病棟《びょうとう》に残《のこ》されて、呼吸困難《こきゅうこんなん》と肺炎《はいえん》におそわれる日々《ひび》でした。数か月後、ついに哲《てつ》は、のどを切って楽に呼吸《こきゅう》ができるようにする手術《しゅじゅつ》、気管切開《きかんせっかい》をする決意をしました。そのことで、呼吸困難《こきゅうこんなん》からは救《すく》われて命をつなぎとめることができましたが、そのかわりに声を失《うしな》ってしまったので、これでハリマが幸せだったのだろうかと、哲《てつ》は思い悩《なや》むことになりました。

その年のクリスマスに、哲《てつ》は一番上等なケーキを買いこんで、患者《かんじゃ》に配りました。スタッフからは、むだづかいだと苦情《くじょう》をいわれましたが、

「これくらいのぜいたくをたまにはさせろ。」

といって、ミルクたっぷりのお茶といっしょに五〇人の患者《かんじゃ》に配ったのです。この時、ハリマもかすれ声をふりしぼって笑《わら》いながら話し、おいしそうにケーキを食べていました。それを見て、こういう患者《かんじゃ》の笑顔《えがお》こそ、何ものにもかえられないおくり物だと感じた哲《てつ》でした。

四　山岳《さんがく》の診療所《しんりょうじょ》

一九八八（昭和《しょうわ》六十三）年になると、アフガニスタン国内の、ソ連《れん》に反対する勢力《せいりょく》からの抵抗《ていこう》が激《はげ》しくなりました。その上、国際《こくさい》社会からも非難《ひなん》されたので、翌年《よくねん》にはついにソ連軍《れんぐん》は、アフガニスタンから完全に引きあげることを決めました。そのころ、ソ連《れん》の国内でも民主化《みんしゅか》と自由化を進めていたことも無関係《むかんけい》ではありませんでした。その後、一九九一（平成《へいせい》三）年にはソ連《れん》が崩壊《ほうかい》し、第二次世界大戦後《たいせんご》の「冷戦《れいせん》」といわれた時代が終わりを告《つ》げました。

アフガニスタンにとって、ソ連軍《れんぐん》がもたらしたものは、何だったのでしょうか。地域《ちいき》社会がこわされ、村落が荒《あ》れはてて、農村の半分が打撃《だげき》をうけたといわれています。ソ連《れん》が引きはらうまでに、多くの死者を出し、食糧《しょくりょう》の不足《ふそく》など間接的《かんせつてき》な被害《ひがい》を入れると、二〇〇万人が亡《な》くなったとのことです。この戦乱《せんらん》の時に、農民《のうみん》たちは国境《こっきょう》をこえて避難《ひなん》しました。一九九〇（平成二《へいせい》）年には、難民《なんみん》となった人は、パキスタンとイランをあわせて六三〇万人にものぼりました。

ソ連軍《れんぐん》がいなくなっても、すぐにアフガニスタンに平和が訪《おとず》れたわけではありません。その後も内部対立による紛争《ふんそう》が続《つづ》いていたのでした。

こうした状況《じょうきょう》の中、哲《てつ》たちは、アフガニスタンで、診療所《しんりょうじょ》を開設《かいせつ》するために動き出すことになりました。

もともと、パキスタンのペシャワールはアフガニスタンとの国境《こっきょう》が近かったので、哲《てつ》が働《はたら》く病棟《びょうとう》でも、アフガニスタン国籍《こくせき》の患者《かんじゃ》が半分以《い》上《じょう》をしめていました。けれども、彼《かれ》らはパキスタンの「ハンセン病・

根絶計画《こんぜつけいかく》」によるサポートをうけることはできないのです。

哲《てつ》たちは、一九八六（昭和《しょうわ》六十一）年に「アフガン＊・レプロシー・サービス」（ALS。レプロシーとはハンセン病のこと）を設立《せつりつ》し、難民《なんみん》キャンプで医療《いりょう》活動を行っていましたが、さらに大きな方針転換《ほうしんてんかん》を決めたのです。それは、内戦《ないせん》が下火になったら、アフガニスタン山村の、ハンセン病の患者《かんじゃ》がたくさんいるところに診療所《しんりょうじょ》を開く、というものでした。

もちろん、ハンセン病だけを治療《ちりょう》するわけではありません。ハンセン病が多い地域《ちいき》では、腸《ちょう》チフス、マラリア、結核《けっかく》、アメーバ赤痢《せきり》などほかの感染症《かんせんしょう》も多いことが、哲《てつ》にはわかっていたのです。

ここに、「アフガニスタンの山村無医《むい》地区におけるモデル診療体制《しんりょうたいせい》の確立《かくりつ》」という大きな目標《もくひょう》をかかげ、その実現《じつげん》に向けて動き出すことになりました。医師《いし》のいない山奥《やまおく》の村で診療《しんりょう》をするための制度《せいど》をつくるのです。

＊アフガン　「アフガニスタンの」という意味、またはアフガニスタン人のこと。

哲《てつ》は、アフガニスタン難民《なんみん》の中から二〇人を集めて、診療員《しんりょういん》としての訓練《くんれん》を始めました。そして、二年後に最初《さいしょ》の診療所《しんりょうじょ》開設《かいせつ》予定地であるニングラハル州のダラエ・ヌール渓谷《けいこく》の調査《ちょうさ》を始めました。さらに、もっと奥地《おくち》の北東山岳地帯《さんがくちたい》であるクナール州のダラエ・ピーチ、ヌーリスタン州のダラエ・ワマへと足を運び、準備《じゅんび》を進めました。

アフガニスタンの内乱《ないらん》が下火となった一九九一（平成《へいせい》三）年の十一月、哲《てつ》は四人のスタッフとともに、ペシャワールを出発しました。開設《かいせつ》予定地の調査《ちょうさ》と、最終《さいしゅう》決定を行うためです。戦闘《せんとう》の影響《えいきょう》で道路がこわされて交通事情《じじょう》が悪くなっていたために、標高《ひょうこう》二五〇〇メートルのミタイ峠《とうげ》から徒歩《とほ》でアフガニスタンのクナール州に入りました。十二月には、ダラエ・ヌール渓谷《けいこく》のカライシャヒ村に診療所《しんりょうじょ》を開設《かいせつ》する準備《じゅんび》を始めました。アフガニスタン人のスタッフが中心となって民家《みんか》を改造《かいぞう》して、三月に、初《はつ》のアフガン国内診療所《しんりょうじょ》が実現《じつげん》したのです。

最初《さいしょ》のアフガン診療所《しんりょうじょ》としてニングラハル州のダラエ・ヌール渓谷《けいこく》が選《えら》ばれたのは、山村の無医《むい》地区であること、この地域《ちいき》にハンセン病患者《かんじゃ》が多いこと、そして、ヌーリスタン州、ラグマン州、クナール州という三つの州に行くことができるからでした。しかし、実際《じっさい》には四〇〇〇メートル以上《いじょう》の峠《とうげ》をこえなければならないので、移動《いどう》するのもたいへんです。

こうした不便《ふべん》な場所で働《はたら》くことを、大都会であるカブール出身の医師《いし》たちはいやがりました。彼《かれ》らは、もう少し都会に近いところに開設《かいせつ》することを主張《しゅちょう》したのです。けれども、哲《てつ》はゆずりませんでした。その結果《けっか》、辞《や》めていった者もいましたが、哲《てつ》は自ら先頭に立って診療《しんりょう》を行い、やがて、職員《しょくいん》たちも現地《げんち》になじんでいきました。

一九九二（平成《へいせい》四）年の十二月、ダラエ・ピーチへと向かいました。ダラエ・ピーチとは、曲がりくねった谷という意味で、その名のとおり

▲医療器具《いりょうきぐ》を馬に乗せて山岳地帯《さんがくちたい》の
医者のいない地区をめぐる移動診療《いどうしんりょう》
(写真：ペシャワール会)

蛇《へび》がくねるように川が続《つづ》いていて、その川ぞいの盆地《ぼんち》にはパシュトゥーン人が、高地山岳部《さんがくぶ》にはヌーリスタン人が住んでいました。一キロメートルごとに数十戸から百戸ぐらいの村落がありましたが、そこには戦争《せんそう》のつめあとも残《のこ》っていました。この険《けわ》しい山道を、難民《なんみん》として徒歩《とほ》でパキスタンにのがれた人もいたのです。

哲《てつ》は、ここに機材《きざい》を運び、現地《げんち》の人をやとい入れて診療《しんりょう》を開始しました。

さらに、その二年後、アフガニスタンで三か所めとなるダラエ・ワマに診療所《しんりょうじょ》をつくりました。そのころ、標高《ひょうこう》二五〇〇メートルのところにあるダラエ・ワマに行くには、ふもとまでジープで三日、さらにほぼ一日、歩かなければなりませんでした。

このような山奥《やまおく》に診療所《しんりょうじょ》をつくり、医療《いりょう》活動を続《つづ》けていくことは並《なみ》たいていなことではありません。それを可能《かのう》にしたのは、哲《てつ》たちの活動を信頼《しんらい》して協力《きょうりょく》してくれた現地《げんち》の人びとがいたからです。

アフガニスタンに診療所《しんりょうじょ》を開設《かいせつ》した時、哲《てつ》はすでに最初《さいしょ》の派遣団体《はけんだんたい》である日本キリスト教海外医療協力会《いりょうきょうりょくかい》（ＪＯＣＳ）からはなれていました。派遣《はけん》期間が終了《しゅうりょう》したのは、二期六年勤《つと》めた一九九〇（平成《へいせい》二）年のことです。この年に、哲《てつ》は家族を日本に帰したので、それ以後《いご》は、家族が待つ日本と現地《げんち》を行ったり来たりする生活に変《か》わります。

一九九三（平成《へいせい》五）年の秋に、アフガニスタン東部の渓谷一帯《けいこくいったい》が悪性《あくせい》の熱《ねつ》マラリアにおそわれたことがありました。マラリアによく効《き》く薬のキニーネは、けっして高いものでありませんが、その時、ペシャワール会には、必要《ひつよう》な薬を買いそろえるだけの資金《しきん》がありませんでした。そこで、ペシャワール会は、緊急《きんきゅう》アピールを出して日本全国の人びとに寄付《きふ》を呼《よ》びかけました。記者会見も行い新聞記事になると、さらにテレビに取りあげられました。すると、寄付《きふ》の申しこみが殺《さっ》とうしたのです。

事務局《じむきょく》はてんてこまいのいそがしさになりましたが、このお金で二万名の命が救《すく》われたのでした。

哲《てつ》が赴任《ふにん》してから、ペシャワールやアフガニスタンでの医療《いりょう》活動には、現地《げんち》の多くの人が関《かか》わってきました。また、日本から、スタッフとして加《くわ》わった人も少なくありません。特《とく》に、日本人の女性看護師《じょせいかんごし》は重要《じゅうよう》な役《やく》割《わり》を果《は》たしました。

イスラム教の教えで、現地《げんち》の女性《じょせい》は髪《かみ》や肌《はだ》をかくしています。顔と手以外《いがい》の肌《はだ》を家族ではない男性《だんせい》に見せてはいけないのです。そのためハンセン病の女性患者《じょせいかんじゃ》は、治療《ちりょう》をうける時に、どうしても女性《じょせい》の医療《いりょう》スタッフが必要《ひつよう》です。医師《いし》が男性《だんせい》だと、女性《じょせい》の患者《かんじゃ》の肌《はだ》に聴診器《ちょうしんき》を当てるのにも、いちいち家族を説得《せっとく》しなければならないのです。

ペシャワール会では働《はたら》く人をワーカーと呼《よ》んでいます。一九八八（昭《しょう》和《わ》六十三）年に、初《はじ》めての長期ワーカーとして安部美智子《あべみちこ》看護師《かんごし》がペシャワールにやってきました。

その二年後には、藤田千代子《ふじたちよこ》看護師《かんごし》が赴任《ふにん》しました。藤田看護師《ふじたかんごし》は、その後二〇年にわたり、現地《げんち》で活動を続《つづ》けることになります。

藤田看護師《ふじたかんごし》は、看護師《かんごし》としての専門知識《せんもんちしき》で重要《じゅうよう》な役割《やくわり》を果《は》たすことになりました。現地《げんち》の言葉を覚《おぼ》えると、女性《じょせい》の患者《かんじゃ》の対応《たいおう》をしただけでなく、診療所《しんりょうじょ》の近くに住む女性《じょせい》たちを、看護《かんご》助手として育てたのです。

藤田看護師《ふじたかんごし》は、哲《てつ》の講演《こうえん》を聞きに行ったことがきっかけとなって赴任《ふにん》しました。女性《じょせい》の医療《いりょう》スタッフが欠《か》かせないと知って、あまり深く考えないで、それならば行ってみよう、と思ったとのことです。

藤田看護師《ふじたかんごし》は、二〇〇九（平成《へいせい》二十一）年に帰国後もペシャワール会で、現地《げんち》の活動を支《ささ》えています。

日本人の女性《じょせい》ワーカーは、二〇〇三（平成《へいせい》十五）年の時点でのべ一五、六人にのぼり、彼女《かのじょ》たちによって、女性《じょせい》のハンセン病の発見率《はっけんりつ》が向上しました。

ほかにも、哲《てつ》の仕事にふれたい、自分も何かしたいという志《こころざし》を持った人びとが、日本からやってきました。とはいっても、すべての人が、ペシャワールでの活動になじんだわけではありません。そこには日本とはまったくちがう暮《く》らしが待っていました。気候《きこう》も文化もちがえば、言葉もなかなか通じません。

時には、日本でつちかってきた職業人《しょくぎょうじん》としてのプライドが傷《きず》つくこともあります。現地《げんち》の人とのコミュニケーションがとれずに、不安になったり疑《うたが》いぶかくなってしまうこともあります。働《はたら》くということへの考えかたもちがっていたので、生真面目《きまじめ》な日本人には、現地《げんち》の人がなまけているように感じてしまう、ということもありました。

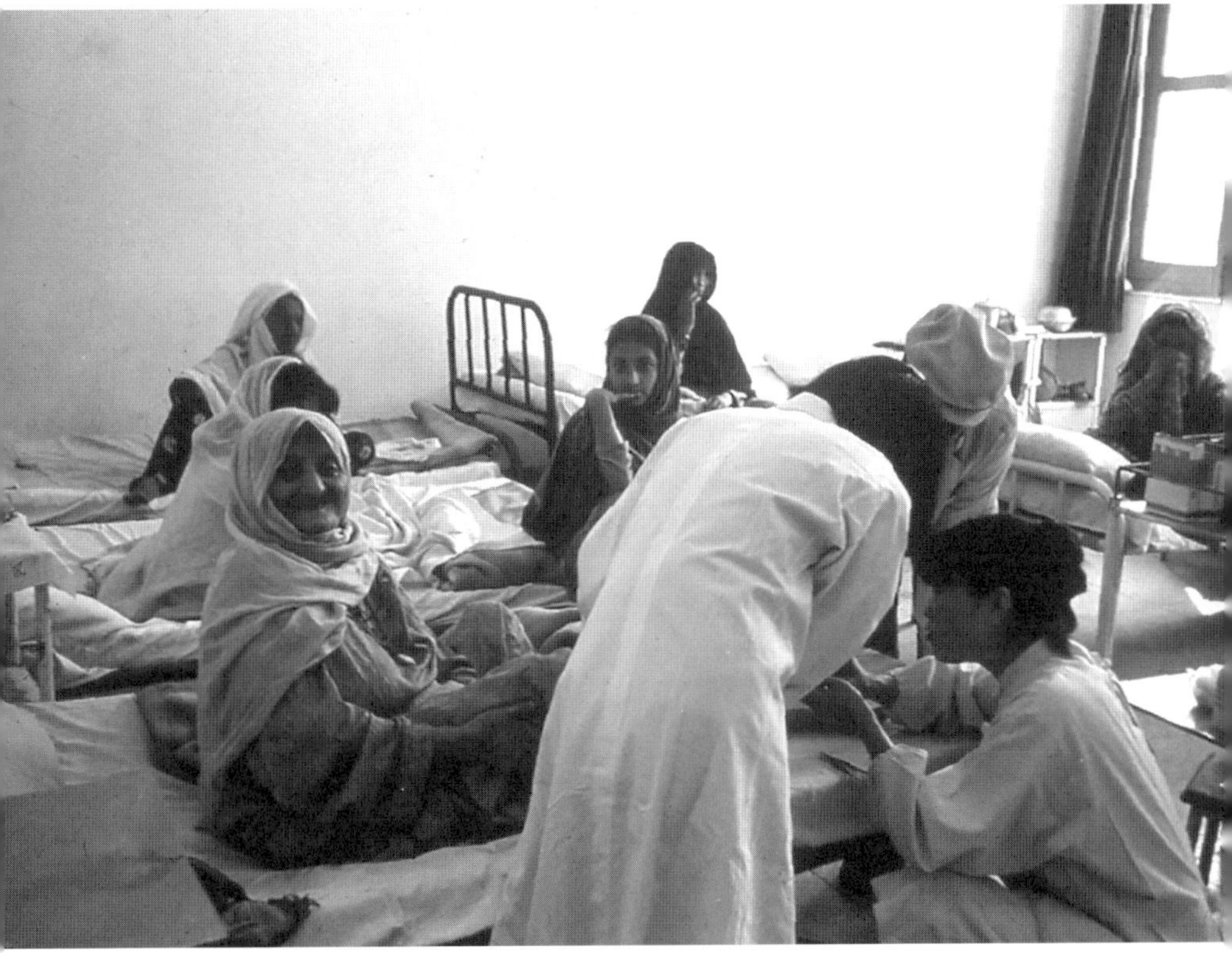

▲ミッション病院の女性病棟《じょせいびょうとう》（写真：ペシャワール会）

どうしても、ここで働《はたら》くことが無理《むり》だと判断《はんだん》した時には、哲《てつ》は、

「あんたは日本に帰りなさい。」

と、帰国命令《めいれい》を出しました。それは、現実《げんじつ》が十分にわかっているからこその、厳《きび》しい判断《はんだん》でした。

五 井戸《いど》を掘《ほ》る

ソ連軍《れんぐん》が撤退《てったい》したあとも、アフガニスタンでは内戦《ないせん》が続《つづ》いていましたが、*イスラム原理主義《しゅぎ》の立場をとるタリバンという組織《そしき》が、徐々《じょじょ》に力をつけて、一九九六（平成《へいせい》八）年に首都カブールを攻め《せ》落とし、国土の大半を支配《しはい》するようになりました。タリバンは、**イスラム法《ほう》を厳格《げんかく》に守らせて、テレビを見ることを禁止《きんし》したり、女性《じょせい》の教育や外で働《はたら》くことを認《みと》めなかったりしたため、西欧諸国《せいおうしょこく》からは、強く批判《ひはん》されていました。

しかし、現地《げんち》で活動する哲《てつ》は、タリバンが支配《しはい》したことで、平和が訪《おとず》れ、治安《ちあん》が安定したと感じていました。

*イスラム原理主義《しゅぎ》　イスラム教の経典《きょうてん》「コーラン」に忠実《ちゅうじつ》であろうとする考えかた。

**イスラム法《ほう》　イスラム教の法律《ほうりつ》。

一九九八（平成十《へいせい》）年、新しい病院が誕生《たんじょう》しました。哲《てつ》がペシャワールで医療《いりょう》活動を開始してちょうど一四年が経《た》っていました。

それまで、ペシャワールで足場となっていたのは、哲《てつ》が最初《さいしょ》に赴任《ふにん》したミッション病院でしたが、病院内で内部対立が起こったり、資金面《しきんめん》での問題が発生したこともあって、自分たちの病院をつくることにしたのです。

七〇床《しょう》の新しい病院は、ＰＭＳ基地《きち》病院といいます。ＰＭＳとは、ペ*シャワール会医療《いりょう》サービスの略《りゃく》です。地上二階地下一階、建坪《たてつぼ》約《やく》一〇〇〇坪《つぼ》の病院建築《けんちく》にかかった費用《ひよう》の約《やく》七〇〇〇万円は、すべてペシャワール会への寄付《きふ》でまかなわれました。この病院の開院式には、現地《げんち》と日本の招待客《しょうたいきゃく》二〇〇名、パキスタン人、アフガニスタン人の現地職《げんちしょく》員《いん》一四〇名、日本人ワーカー四名が参列《さんれつ》しました。

この病院ができたことで、パキスタンとアフガニスタン両国にまたが

＊ペシャワール会医療《いりょう》サービス　現地《げんち》での事業を行う団体《だんたい》。2010年に平和医療団《いりょうだん》・日本と名前を変更《へんこう》しますが、略称《りゃくしょう》はそのままＰＭＳです。

る安定した医療《いりょう》活動ができるようになりました。

二〇〇〇（平成十二《へいせい》）年の春、中央アジア全体が大干《だいかん》ばつにおそわれました。水不足《みずぶそく》によって土地がかわいて農作物が育たなくなってしまったのです。中でもアフガニスタンの被害《ひがい》がもっとも深刻《しんこく》で、人口の半分以上《いじょう》、およそ一二〇〇万人が被災《ひさい》し、四〇〇〇万人が食糧不足《しょくりょうぶそく》で必要《ひつよう》な栄養《えいよう》が得《え》られない飢餓《きが》の状態《じょうたい》におちいり、一〇〇万人が餓死《がし》の危険《きけん》があると、国連《こくれん》の機関《きかん》がうったえました。これほど厳《きび》しい状況《じょうきょう》だったのにもかかわらず、国際《こくさい》社会は、あまり支援《しえん》の手をさしのべようとはしませんでした。

もともとアフガニスタンは自給自足《じきゅうじそく》の農業国です。しかし、水がなければ田畑をたがやせません。干《かん》ばつによって、食糧生産《しょくりょうせいさん》が半分以下《いか》に落ちこんで、農地の作物が育たなくなる砂漠化《さばくか》も進んでいました。

きれいな飲み水がないので、時には川底《かわぞこ》のどろ水さえ飲むことになります。食糧不足《しょくりょうぶそく》で栄養失調《えいようしっちょう》になっていたために体力も失《うしな》っていた人びとは、きたない水を飲んで下痢《げり》を起こすと、簡単《かんたん》に命を落としてしまいます。

干《かん》ばつの犠牲《ぎせい》になるのは、多くは小さな子どもでした。子どもたちは、アメーバ赤痢《せきり》や細菌性赤痢《さいきんせいせきり》という病気で体の水分が不足《ふそく》して脱水症状《だっすいしょうじょう》になって死んでいくのです。

死にかけた子をだいた若《わか》い母親が、何日もかけて歩いて診療所《しんりょうじょ》にやってくるようになりました。診療所《しんりょうじょ》の外に並《なら》び、診療《しんりょう》を待っているうちに、子どもが亡《な》くなってしまい、冷《つめ》たくなっていく我《わ》が子を、母親がずっとだきしめている——そんなことも少なくありませんでした。

もう、病気の治療《ちりょう》どころではないと思った哲《てつ》は、診療所《しんりょうじょ》自ら飲料水《いんりょうすい》の確保《かくほ》に乗り出すことに決めました。二〇〇〇（平成《へいせい》十二）年七月のことでした。

八月には、アフガニスタン東部の中心都市であるジャララバードにPMS水源対策事務所《すいげんたいさくじむしょ》をつくり、本格的《ほんかくてき》な井戸掘《いどほ》り事業が開始されました。この時、先頭になって活やくしたのが、ペシャワールのPMSで働《はたら》いていた蓮岡修《はすおかおさむ》、目黒丞《めぐろすすむ》たち、日本の若者《わかもの》でした。そして、井戸掘《いどほ》りの作業には、タリバンも、反タリバンの人びとも、こぞって協力《きょうりょく》をしたのです。

では、実際《じっさい》の井戸掘《いどほ》りの作業とは、どんなものだったのでしょうか。

このあたりにも、井戸《いど》はありました。けれども、すっかりかれていたのです。水を出すためには、もっと深く掘《ほ》らなければならないのですが、二〇メートルも掘《ほ》らないうちに、かたい岩ばんにつきあたってしまいます。ツルハシやシャベルでは、とうてい歯が立ちません。

その時、思わぬものが役に立ちました。

アフガニスタンでは、長いこと紛争《ふんそう》が続《つづ》いていたために、ロケット砲《ほう》や地雷《じらい》の不発弾《ふはつだん》が残《のこ》っていました。そこで、この不発弾《ふはつだん》の火薬を取り出して使うことにしました。大きな岩にのみで穴《あな》をあけて、そこに火薬をつめて、爆破《ばくは》させたのです。この作業には、爆破《ばくは》が得意《とくい》だった元農民兵《もとのうみんへい》たちが活やくしました。

日本の若者《わかもの》たちは、地元の職員《しょくいん》たちを率《ひき》いて、作業を広げていきました。そうして掘《ほ》った井戸《いど》は、この年の十月までに二七四か所、二〇〇一（平成《へいせい》十三）年の九月までに、六六〇か所となり、その九割以上《わりいじょう》で水を出すことに成功《せいこう》しました。この井戸《いど》掘《ほ》り事業は、二〇〇六（平成《へいせい》十八）年まで続《つづ》けられ一六〇〇か所になりました。

飲料水《いんりょうすい》の確保《かくほ》はとても大きなことですが、水だけでは生きていけません。食糧《しょくりょう》が必要《ひつよう》です。しかし、水不足《みずぶそく》で農業ができなくなったために、

▲どろ水を飲む子ども。きたない水を飲んで体をこわして
命を落とす子がたくさんいた。(写真：ペシャワール会)

▲井戸掘《いどほ》り作業。まわりの土地はかわいて砂漠化《さばくか》している。(写真：ペシャワール会)

人びとは、出稼《でかせ》ぎ難民《なんみん》となって農村から出ていきます。中には、武器《ぶき》を手にして内戦《ないせん》に参加《さんか》していく者もいます。兵士《へいし》として内戦《ないせん》に加《くわ》われば、食べていくことができるからです。

哲《てつ》たちは、農村を回復《かいふく》させることが健康《けんこう》と平和のために必要《ひつよう》だと考えて、砂漠化《さばくか》する田畑をよみがえらせることを目指します。目標《もくひょう》として、農業用の水を得《え》ることがかかげられました。

この地域《ちいき》には、伝統的《でんとうてき》な農業用地下水路として、カレーズというものがありました。それは、山ろくから水を引く地下の用水路から水を地表に導《みちび》くものです。

このカレーズを復活《ふっかつ》させたおかげで、診療所《しんりょうじょ》近くの砂漠化《さばくか》した田畑が短期間でよみがえり、一〇〇家族もの人びとが、もどってきて農業を営《いとな》むことができました。カレーズにも水の量《りょう》に限界《げんかい》があるので、さらに、直径《ちょっけい》五メートル以上《いじょう》の農業用水の井戸《いど》をつくり、緑化がさらに広がって、もどってくる人も増《ふ》えました。
しかし、今度は地下水位《すいい》が下がり始め、この干《かん》ばつが並《なみ》のものではないと思い知らされます。
のちに、中村哲《なかむらてつ》は、大干《だいかん》ばつをふり返ります。

今思い起こすと、アフガン大干《だいかん》ばつは、世界を席巻《せっけん》する「気候災害《きこうさいがい》」の前哨戦《ぜんしょうせん》*であった。

今、世界では気温の上昇《じょうしょう》や砂漠《さばく》の増加《ぞうか》など気候変動《きこうへんどう》によるさまざまな問題が指摘《してき》されています。その大きな原因《げんいん》となっている二酸化炭素《にさんかたんそ》をたくさん排出《はいしゅつ》してきたのは、欧米《おうべい》や日本などの先進国です。それなのに、アフガニスタンのような発展途上国《はってんとじょうこく》が、これほどひどい被害《ひがい》をうけてしまうのは道理に合わないと、いきどおりを覚《おぼ》える哲《てつ》でした。

＊前哨戦《ぜんしょうせん》　本格的《ほんかくてき》な戦《たたか》いの前の、準備的《じゅんびてき》な小さな戦《たたか》い。

六 戦争《せんそう》と食糧《しょくりょう》支援《しえん》

哲《てつ》たちが、井戸《いど》を掘《ほ》るなどして干《かん》ばつや飢餓《きが》に立ち向かっている時、国際《こくさい》社会は、アフガニスタンに対してどのようなことをしていたでしょうか。

厳格《げんかく》なイスラム教原理主義《しゅぎ》をかかげるタリバン政権《せいけん》に対して、国際《こくさい》社会は批判的《ひはんてき》でした。また、タリバンは、過激《かげき》なテロ集団《しゅうだん》であるアルカイダをかくまったので、二〇〇一（平成《へいせい》十三）年の一月には、アフガニスタンに対して、お金のやりとりを制限《せいげん》するなど国連《こくれん》の制裁《せいさい》が強化されました。

その一方で、アフガニスタンの大干《だいかん》ばつと飢餓《きが》については知らされることもなく、最初《さいしょ》は、食糧《しょくりょう》まで制限《せいげん》されようとしていました。これには、現地《げんち》の国連職員《こくれんしょくいん》が猛反対《もうはんたい》してなんとか食い止めることができたのでした。

このころのことを、哲《てつ》は、

「百万人が死ぬ状態《じょうたい》がなぜさわがれなかったか。私《わたし》は未《いま》だにもってふしぎでしょうがない。」

と語っています。

首都カブールには、干《かん》ばつからのがれてきた人びとが流れてきていました。カブールでも井戸《いど》の水位《すいい》が急速に下がる中、欧米《おうべい》の支援団体《しえんだんたい》は撤退《てったい》していきます。水が不足《ふそく》しているところに人が集まれば、衛生状態《えいせいじょうたい》も悪くなり、病人も増《ふ》えます。ＰＭＳ（ペシャワール会医療《いりょう》サービス）は、カブールに、五か所の臨時診療所《りんじしんりょうじょ》をつくりました。

それでも十分ではなく、哲《てつ》は、さらに十か所に増《ふ》やすように計画して、ペシャワールにもどりました。それが、九月十日のことでした。

その次の日。世界をおどろかせる事件《じけん》がアメリカで発生しました。同時多発テロ（911事件《じけん》）です。ハイジャックされた民間《みんかん》の航空機《こうくうき》二機《き》が、ニューヨークの世界貿易《ぼうえき》センタービルに突入《とつにゅう》、別《べつ》の一機《き》が首都ワシントンの国防総省《こくぼうそうしょう》ビルに、さらにもう一機《き》がペンシルベニア州ピッツバーグ郊外《こうがい》に墜落《ついらく》、三〇〇〇人近くの死者を出しました。特《とく》に、世界貿易《ぼうえき》センタービルに飛行機《ひこうき》がつっこみ、高層《こうそう》ビルがくずれていく映像《えいぞう》は世界中に流れましたが、信《しん》じがたい光景《こうけい》に、現実《げんじつ》とは思えないと感じた人もたくさんいました。この事件《じけん》は、アメリカ社会に恐怖《きょうふ》と怒《いか》りをもたらしました。

同時多発テロを中心となって計画したとされたアルカイダ（国際《こくさい》テロ組織《そしき》）のウサマ・ビン・ラディンを、タリバンがかくまっているとして、アメリカのブッシュ政権《せいけん》は、アフガニスタンへの攻撃《こうげき》を決めると、十月には、空爆《くうばく》を開始しました。

哲《てつ》たち日本人は、外務省《がいむしょう》からの指示《しじ》をうけて、アフガニスタンから出国することになりました。その時、哲《てつ》は、現地《げんち》の職員《しょくいん》たちに告《つ》げました。「米国による報復《ほうふく》で、この町も危険《きけん》にさらされています。しかし、私《わたくし》たちは帰ってきます。ＰＭＳが諸君《しょくん》を見捨《みす》てることはないでしょう。」

アメリカと、アメリカを支持《しじ》した多国籍軍《たこくせきぐん》は、アフガニスタンへの空爆《くうばく》を開始、日本は、戦争《せんそう》をすることはできませんが、「テロ対策特別措置法《たいさくとくべつそちほう》」という法律《ほうりつ》をつくって自衛隊《じえいたい》を派遣《はけん》し、燃料補給《ねんりょうほきゅう》などの協力《きょうりょく》をすることになりました。

この法律《ほうりつ》が成立《せいりつ》する前に、哲《てつ》は国会に参考人《さんこうにん》として呼《よ》ばれました。国会では、難民《なんみん》キャンプで救援《きゅうえん》活動をする団体《だんたい》などを守るために、自衛隊《じえいたい》を派遣《はけん》することについて議論《ぎろん》されていました。哲《てつ》は、アフガニスタンが大干《だいかん》ばつで苦しんでいることや、難民《なんみん》のことなどを説明《せつめい》しました。また、アメリカに協力《きょうりょく》して自衛隊《じえいたい》を派遣《はけん》することが、たとえアフガニスタンの

ための活動であったとしても、かえって現地《げんち》の人びとの日本人に対する感情《かんじょう》を悪くすると考えていたので、
「自衛隊派遣《じえいたいはけん》は有害無益《ゆうがいむえき》。飢餓状態《きがじょうたい》の解消《かいしょう》こそが最大《さいだい》の問題であります。」
と、きっぱりと告《つ》げたのでした。

アフガニスタンの人びとの食糧不足《しょくりょうぶそく》は続《つづ》いていました。ペシャワール会が、緊急食糧支援《きんきゅうしょくりょうしえん》をうったえると、日本の支援者《しえんしゃ》から多くの寄付金《きふきん》がよせられ、一か月もかからずに、目標金額以上《もくひょうきんがくいじょう》のお金が集まりました。

こうして、アメリカ軍《ぐん》による空爆《くうばく》が続《つづ》く中、食糧配給《しょくりょうはいきゅう》活動が行われました。ペシャワールで買った小麦粉《こむぎこ》と食用油を、カブールに輸送《ゆそう》し、配《はい》給《きゅう》するのです。ＰＭＳの二〇人の職員《しょくいん》が、作業にあたりました。

空爆《くうばく》は、テロリストのいる場所をねらったピンポイント攻撃《こうげき》だという

▲参議院外交防衛委員会《さんぎいんがいこうぼうえい》に参考人《さんこうにん》として出席《しゅっせき》、アフガニスタンについて語る。
（写真：毎日新聞社 / アフロ）

ふうに説明《せつめい》されていましたが、実際《じっさい》には多くの市民《しみん》に被害《ひがい》が出ました。戦争中《せんそうちゅう》でも攻撃《こうげき》をしないというルールが決められているはずの、国際赤十字《こくさいせきじゅうじ》の施設《しせつ》も被害《ひがい》にあったくらいですので、食糧配給《しょくりょうはいきゅう》も命がけです。哲《てつ》は、三つのチームに分けて配給《はいきゅう》するように指示《しじ》しました。もしも、一つのチームが爆撃《ばくげき》されるようなことがあっても、ほかの二つは配給《はいきゅう》を続《つづ》けられるようにと考えたのです。

世界一の軍事力《ぐんじりょく》を持つアメリカ軍《ぐん》とタリバンの力の差《さ》は明らかで、十一月十三日にはタリバン政権《せいけん》は崩壊《ほうかい》します。

翌年《よくねん》の一月、東京でアフガニスタン復興支援国際会議《ふっこうしえんこくさいかいぎ》が開かれました。アフガニスタンの*暫定政権《ざんていせいけん》の議長《ぎちょう》に選《えら》ばれたカルザイや、各国《かっこく》の代表も集まり、援助《えんじょ》の方法《ほうほう》や援助金額《えんじょきんがく》などが取り決められました。日本でも、アフガニスタン復興《ふっこう》ブームにわきました。

＊暫定政権《ざんていせいけん》　仮《かり》に決められた政権《せいけん》。

小麦粉《こむぎこ》や食用油を配る PMS の配給《はいきゅう》チーム（写真：ペシャワール会）

けれども、哲《てつ》はこうした動きについて、疑問《ぎもん》を感じていました。民主《みんしゅ》的《てき》な先進国が、おくれた国を文明化するといった、上から見下すような視線《しせん》を感じたからです。それ以上《いじょう》に哲《てつ》が不満《ふまん》だったのは、砂漠《さばく》化する農村の問題がきちんと議論《ぎろん》されなかったことでした。もともと農業国で食《しょく》糧自給率《りょうじきゅうりつ》が高かったアフガニスタンが、砂漠《さばく》化して耕地《こうち》が減《へ》ったために、人びとが飢餓《きが》に苦しみ、難民《なんみん》も増《ふ》えていくのです。

──大切なのは砂漠《さばく》化を防《ふせ》ぐことなのに、先進国は、金さえあれば何とかなると考えている。

そう思うと、哲《てつ》は怒《いか》りを覚《おぼ》えずにはいられませんでした。

二〇〇二（平成十四《へいせい》）年の春にUNHCR（国連難民高等弁務官事務《こくれんなんみんこうとうべんむかんじむ》所《しょ》）は、難民帰還《なんみんきかん》プロジェクトを開始します。パキスタンにのがれていた二〇〇万人の難民《なんみん》を、一年間に一〇〇万人アフガニスタンに帰すと発表し、カルザイ政権《せいけん》は、難民《なんみん》たちに衣食住《いしょくじゅう》を保証《ほしょう》すると約束《やくそく》しました。そして翌年《よくねん》には予定を上回って一四〇万人が帰還《きかん》しました。

ところが、二〇〇五（平成《へいせい》十七）年に、パキスタン政府《せいふ》は、三〇〇万人のアフガニスタン難民《なんみん》がいると発表します。この三年の間に、アフガニスタンにもどった難民《なんみん》はふたたびパキスタンにUターンし、さらに一〇〇万人が新たな難民《なんみん》となっていたのです。

それでも、UNHCRは、人びとが生きることを頭に置《お》いて計画をしました。しかし、多くの救援団体《きゅうえんだんたい》は、首都であるカブールで、学校教育のことや男女平等などを議論《ぎろん》するばかりです。こうした問題に意味がないわけではありませんが、飢《う》えた人びとや、死にかけた子をだきしめて診療所《しんりょうじょ》を訪《おとず》れる母親、何キロもの道のりを水くみで往復《おうふく》する女性《じょせい》たちの姿《すがた》は、まったく見えてないように、哲《てつ》には思えました。

ＰＭＳは、難民帰還《なんみんきかん》プロジェクトが始まった年の六月に、カブールにつくった五つの臨時診療所《りんじしんりょうじょ》を閉じて、アフガニスタン東部の農村地帯《ちたい》に集中して活動を行うことにしました。

ＰＭＳにとって、復興支援《ふっこうしえん》の波は、大きな打撃《だげき》となりました。外国の団体《だんたい》が大金を使うようになったことで、物価《ぶっか》がはね上がったのです。これが、貧《まず》しい人を苦しめることにもなりました。

それだけではありません。医師《いし》や検査技師《けんさぎし》たちが、他の団体《だんたい》に引きぬかれてしまったのです。彼《かれ》らはもっと高い給料《きゅうりょう》を求《もと》めてカブールに移《うつ》っていきました。新しく人をやとっても、若《わか》い医師《いし》たちは不便《ふべん》な場所での勤務《きんむ》をいやがって辞《や》めていきます。

カルザイ政権《せいけん》は、外国医療《いりょう》ＮＧＯを地域《ちいき》に割《わ》り当てて活動するよう命じました。その結果《けっか》、哲《てつ》たちがつくったダラエ・ピーチ診療所《しんりょうじょ》のあるクナール州は、他の団体《だんたい》が担当《たんとう》することになり、その団体《だんたい》の取り決めにしたがって診療《しんりょう》することを求《もと》められました。しかしそれは、ＰＭＳがこれまで行ってきた方法《ほうほう》とはちがうものでした。

現地《げんち》の事情《じじょう》に合ったものではなかったので、住民《じゅうみん》たちによりそった診《しん》療《りょう》ができないことが、哲《てつ》にはわかっていました。けれども、どうすることもできませんでした。

暫定政権《ざんていせいけん》が成立《せいりつ》してからも、治安《ちあん》は少しもよくなりませんでした。アメリカ軍《ぐん》の軍事《ぐんじ》行動がなくなったわけでもありません。反米をかかげるタリバンも一定の勢力《せいりょく》を保《たも》っていたので、掃討作戦《そうとうさくせん》*を進めるアメリカ軍《ぐん》は、兵力《へいりょく》を増加《ぞうか》させ、その数は年々《ねんねん》増《ふ》えていきました。アフガニスタンは、平和にはほど遠いありさまだったのです。

戦闘《せんとう》がやまなかっただけではありません。人びとが、現金収入《げんきんしゅうにゅう》を求《もと》めたために、タリバン政権《せいけん》時代にはなくなっていたケシ栽培《さいばい》が復活《ふっかつ》しまし

＊掃討作戦《そうとうさくせん》　敵《てき》を完全《かんぜん》に排除《はいじょ》するための活動。

た。麻薬《まやく》の原料《げんりょう》になるケシは乾燥《かんそう》に強く、小麦の一〇〇倍の現金《げんきん》を得《え》られるので、二〇〇三（平成《へいせい》十五）年の九月には、世界の麻薬生産《まやくせいさん》の九割《わり》をしめるほど増《ふ》えてしまいました。

治安《ちあん》はますます悪くなり、アフガン人の医療従事者《いりょうじゅうじしゃ》さえ通行が困難《こんなん》になり、二〇〇五（平成《へいせい》十七）年の一月、ＰＭＳのダラエ・ピーチとダラエ・ワマの二つの診療所《しんりょうじょ》は、アフガニスタン政府《せいふ》に引きわたすことになりました。住民《じゅうみん》たちは、診療所《しんりょうじょ》を再開《さいかい》してほしいとうったえました。けれども、哲《てつ》には、

「今は待ってほしい。」

と、答えることしかできませんでした。

七

緑の大地計画

復興《ふっこう》ブームが起こったために、アフガニスタンに平和が訪《おとず》れたと思ってしまった人も多く、日本をふくめた外国の人びとは、アフガニスタンについて、だんだんと関心《かんしん》を失《うしな》っていきました。しかし、実際《じっさい》には、空《くう》爆《ばく》が続《つづ》いていましたし、飢《う》えに苦しむ人もいましたので、難民《なんみん》は減《へ》りませんでした。

二〇〇〇（平成《へいせい》十二）年から掘《ほ》りはじめた井戸《いど》がふたたびかれた時、哲《てつ》は、

「クナール川から水を引いてみようや。」

と、藤田看護師《ふじたかんごし》にいいました。こうして、二〇〇三（平成《へいせい》十五）年、「緑の大地計画」が開始されることになりました。

「農村の回復《かいふく》なくしてアフガニスタンの再生《さいせい》なし」と思っていた哲《てつ》は、そのための水源確保《すいげんかくほ》として、用水路の建設《けんせつ》を考えていたのです。

ＰＭＳは、農業復興《ふっこう》に全力をつくすことを決めると、計画の柱を定めました。

1　試験《しけん》農場

乾燥《かんそう》に強い作付《さくつ》けの研究

2　飲料水源確保《いんりょうすいげんかくほ》事業

現在《げんざい》の事業を継続《けいぞく》、総数《そうすう》二〇〇〇か所を目指す

3　灌漑《かんがい》用水路事業

①かれ川になった地域《ちいき》の井堰《いせき》（水を引くために、土や木な

どで川水をせきとめたところ）・溜池《ためいけ》の建設《けんせつ》
②大河川《だいかせん》からの取水、第一弾《だん》としてクナール川のジャリババからニングラハル州シェイワ郡《ぐん》高地まで一三キロメートルの用水路建設《けんせつ》（最終的《さいしゅうてき》に取水口からガンベリ砂漠《さばく》まで約《やく》二五キロメートルに延長《えんちょう》）

「緑の大地計画」は、ペシャワール会が行ってきた事業の中でも最大《さいだい》級《きゅう》の規模《きぼ》となりました。

川に手を出すというのは生半可《なまはんか》なことではありません。ペシャワール会の理事会からも、工事費《こうじひ》がかなり多くなるのではないか、つくったあとの維持《いじ》はどうするのか、など多くの疑問《ぎもん》の声があがりました。

しかし、最後《さいご》には、

「哲《てつ》ちゃんがいうならしかたなかたい。」

と、この大がかりな事業を支援《しえん》すると決めたのです。

二〇〇三（平成《へいせい》十五）年三月十九日、地方政府《せいふ》の役人や郡《ぐん》の長老会《ちょうろうかい》メンバー、PMSの代表を集めて、着工式が行われました。その場で、哲《てつ》は、一三キロの用水路を数年で完成《かんせい》させ、農地を復活《ふっかつ》させること、用水路は「アーベ・マルワリード（真珠《しんじゅ》の水）」と名づけ、毎秒三〜三・五トンの水を干《かん》ばつ地帯《ちたい》に注ぐことを宣言《せんげん》したのです。

しかし、哲《てつ》自身に、用水路建設《けんせつ》のための知識《ちしき》があったわけではありません。土木工事や設計《せっけい》の専門書《せんもんしょ》などを読んでも理解《りかい》ができなかった哲《てつ》は、自分の娘《むすめ》から高校の教科書を借《か》りて、数学の勉強をやりなおすありさまでした。この時、河川《かせん》工学の専門家《せんもんか》や技師《ぎし》が、力になってくれました。

哲《てつ》は、コンクリートやセメント、鉄筋組《てっきんぐみ》のことなども勉強し、日本に帰国した時には、工事現場《げんば》に足を運びました。けれども、日本の土木技《ぎ》

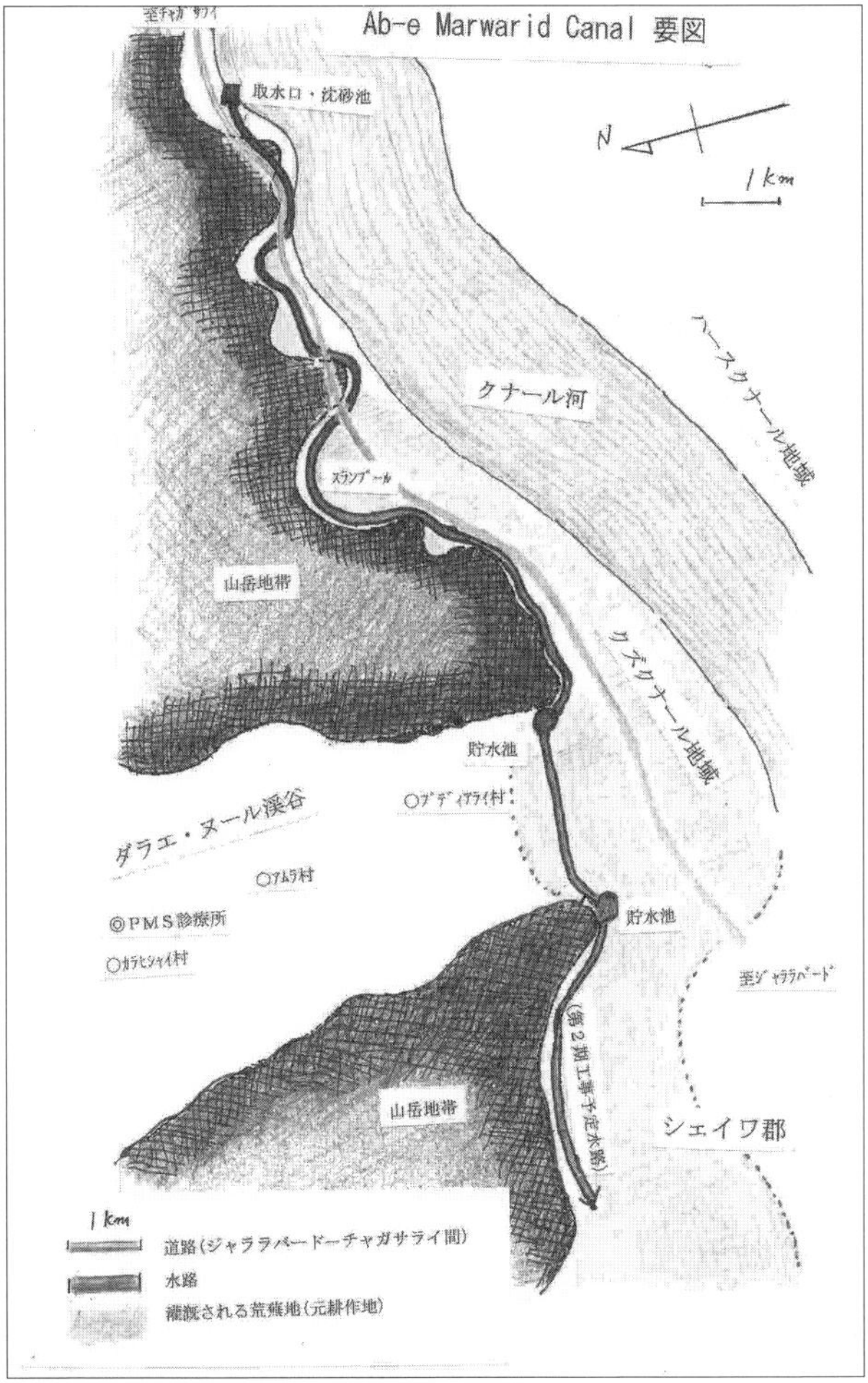

▲哲《てつ》がかいたアーベマルワリード用水路の図面
(ペシャワール会)

術《じゅつ》がそのまま使えるというわけではありません。大切なのは、現地《げんち》の事情《じじょう》に見合ったものをつくることなのです。

これまで、哲《てつ》は現地《げんち》の状況《じょうきょう》によりそった医療《いりょう》活動をずっと心がけてきました。これは、用水路づくりでも同じです。近代的《きんだいてき》な機械《きかい》や技術《ぎじゅつ》にたよりすぎないで、地元に住む人たちがつくれて、自分たちの手で維持《いじ》できるものを目指すべきだと考えました。

哲《てつ》は、日本に帰った時には、時間さえあれば農業用に必要《ひつよう》な水を取るための水利施設《すいりしせつ》を見てまわりました。参考《さんこう》にしたいと思ったのは、昔から残《のこ》っているものでした。故郷《こきょう》の福岡県《ふくおかけん》や熊本県《くまもとけん》の川ぞいを歩き、昔の人が、どのようにして自然《しぜん》の川から水を引いたのか、どのように水路をつくったのか、そして田畑を開いていったのかを考えました。

もちろん、用水路を開くのはアフガニスタンなので、現地《げんち》にある用水路や取水口も参考《さんこう》にしました。いろいろ調べているうちに、哲《てつ》はあることに気がつきました。

日本とアフガニスタンでは、気候《きこう》も地形もずいぶんちがいます。しかし、河川《かせん》という点から見ると、共通《きょうつう》することがあるのです。どちらの国も、山間部を流れる河川《かせん》が急であること、冬と夏の水位《すいい》に差《さ》があること、大きな平野が少なく、盆地《ぼんち》や小さな平野で農業が行われていることです。水位《すいい》に差《さ》があることは重要《じゅうよう》で、クナール川の水位《すいい》は、夏と冬では、一・五メートルから二・五メートルもちがいます。

アフガニスタンの人びとの主食であるナンは、冬に育つ小麦でつくられます。ですから、冬に取水することは大事ですが、取水口をあまり大きくすると、夏の洪水《こうずい》を村に引きこんでしまう危険《きけん》があります。その上、夏に流れてくるクナール川の雪解《ゆきど》け水は、土砂《どしゃ》をいっしょに運んできます。その結果《けっか》、用水路の底《そこ》に土砂《どしゃ》がたまって水路を浅《あさ》くし、水もどろどろになってしまいます。こうしたことを防《ふせ》ぐにはどうしたらいいのでしょうか。

哲《てつ》が目をとめたのは、福岡県朝倉市《ふくおかけんあさくらし》の筑後川流域《ちくごがわりゅういき》にある山田堰《やまだぜき》という取水口でした。

山田堰《やまだぜき》は、江戸《えど》時代に、干《かん》ばつで苦しんでいた農民《のうみん》たちを救《すく》うためにつくられました。筑後川《ちくごがわ》の水圧《すいあつ》と激流《げきりゅう》にたえられるようにつくられた井*《い》堰《せき》は、「傾斜堰床式石張堰《けいしゃせきとこしきいしばりぜき》」と呼《よ》ばれていて、川の流れに対して石が斜《なな》めにしきつめられています。

筑後川《ちくごがわ》は、もともと、日本三大暴《あば》れ川の一つに数えられるほど、農民《のうみん》たちを洪水《こうずい》や干《かん》ばつで苦しめる川でした。そんな筑後川《ちくごがわ》に設《もう》けられた堰《せき》ならば、クナール川にも応用《おうよう》できるのではないかと、哲《てつ》は考えました。

用水路の建設《けんせつ》は、井戸掘《いどほ》りやカレーズの改修《かいしゅう》に比《くら》べればずっと大がか

＊井堰《いせき》　水を他へ引くために、土や木などで水をせきとめたところ。

▲山田堰《やまだぜき》。奥《おく》から手前への水流に対して、石を斜《なな》めに置き、水の勢《いきお》いをおさえながら用水路に水を導《みちび》いている。（写真：ペシャワール会）

▼山田堰《やまだぜき》を実際《じっさい》に見て、そのしくみを確認《かくにん》している。（写真：ペシャワール会）

りな工事になります。しかも、最初《さいしょ》は手作業です。ツルハシやシャベルで掘《ほ》り進めるのです。こんな時、哲《てつ》は自分でも先頭に立って働《はたら》きました。もちろん、哲《てつ》は土木の専門家《せんもんか》でもありません。しかし、技術《ぎじゅつ》やものが不足《ふそく》していたからこそ、はっきりわかったこともあります。アフガニスタンの農村は、もともと自分たちのことは自ら行うという気風が強いのです。そこは中央政府《せいふ》の権力《けんりょく》が大きい日本とはちがいます。取水口や用水路を使い続《つづ》けるために修理《しゅうり》したりするのは、住民《じゅうみん》自身がやらなくてはなりません。多くのコストをかけるわけにはいかないのです。

そこで、用水路づくりに哲《てつ》が用いたのは、水路のかべに蛇籠《じゃかご》を使うというものでした。蛇籠《じゃかご》というのは、竹や鉄線で編《あ》んだ長い籠《かご》に、石をつめこんだもので、古くから河川《かせん》の工事などで使われてきました。もともとが円筒形《えんとうけい》の籠《かご》で、蛇《へび》に似《に》ているということで、蛇籠《じゃかご》といわれています。蛇籠《じゃかご》を使うことにした理由は、割《わ》れないこと、曲げのばしができるこ

▲蛇籠《じゃかご》を使ったカシコート用水路のかべ。平面に編《あ》んだ網《あみ》を現場《げんば》でつなぎ合わせて石をつめて籠《かご》を閉じている。
(写真：ペシャワール会)

と、こわれても籠《かご》と石があればつくり直せること、草木がなじむので他の生物も住めること、費用《ひよう》が高くないことです。

この蛇籠《じゃかご》の背面《はいめん》には、柳《やなぎ》の木を植えることにしました。柳《やなぎ》の根が石のすき間に入りこんで、いっそうがんじょうになります。それに柳《やなぎ》の根は、水につかっても根ぐされを起こしません。

この工事に、特別《とくべつ》な技術《ぎじゅつ》スタッフは必要《ひつよう》ありませんでした。作業する農民《のうみん》たちは、畑の境界《きょうかい》、家の土台、かべなどに日ごろから石を使っているため、だれもが有能《ゆうのう》な石工《いしく》なのでした。さまざまな作業を行う現地《げんち》の住民《じゅうみん》には、ペシャワール会から、日当《にっとう》が支払《しはら》われました。

水を引く時には、*堰板《せきいた》を使って、土砂《どしゃ》が入りこまない比較的《ひかくてき》きれいな水を取りこめるようにしました。

工事が進むにつれて、ショベルカーやダンプカーも使われるようになりました。哲《てつ》は、時には自らショベルカーに乗りこみました。それが楽

*堰板《せきいた》　土どめ用の仕切り板。

しかったようですが、ワーカーとして働《はたら》いていた中山博喜《なかやまひろき》は、最初《さいしょ》のころは「いつ見てもひやひやさせられた」といっています。

たびたび洪水《こうずい》や集中豪雨《ごうう》におそわれながら、工事は進みました。二〇〇七（平成《へいせい》十九）年四月、第一期一三キロの工事が完了《かんりょう》すると、用水路の建設《けんせつ》は第二期に入りました。第一期工事で完成《かんせい》した用水路をさらに一〇キロ延長《えんちょう》するという計画です。この計画が実現《じつげん》すると、人をよせつけないガンベリ砂漠《さばく》に、広大な農業用の土地を切り開くことができるのです。

山ろくぞいの岩ばんを掘《ほ》り進める難《むずか》しい工事を進めながら、第一期工事の改修《かいしゅう》もしなければなりませんでしたが、一〇〇名の職員《しょくいん》と五〇〇名の作業員たちは、工事に必要《ひつよう》な技術《ぎじゅつ》を身につけていました。

用水路建設《けんせつ》は困難《こんなん》の連続《れんぞく》でした。自然災害《しぜんさいがい》だけでなく、アメリカ軍《ぐん》がまちがって人を撃《う》った事件《じけん》、地方の有力者からの妨害《ぼうがい》、反米暴動《ぼうどう》……。アフガニスタンの治安《ちあん》は少しも安定しない中での工事でした。ともに働《はたら》いていた技師《ぎし》たちが脱走《だっそう》することもあったし、職員《しょくいん》の不正《ふせい》もありました。人が連れ去られる事件《じけん》もありました。けれども、用水路が進むにしたがって土地がたがやされていき、農地は復活《ふっかつ》していったのです。

二〇〇九（平成《へいせい》二十一）年八月三日午前十一時五十分。

しゃく熱《ねつ》の太陽が照《て》りつける中、

「まもなくです。」

と古くから働《はたら》いている職員《しょくいん》が、哲《てつ》に告《つ》げました。

「よし、水を流せ！」

用水路の完成《かんせい》がまもなくだということで、昨晩《さくばん》のうちにゴールの五〇〇メートル手前で水をせき止めていたのです。土のうをはずすと、水が勢《いきお》いよく流れてきます。

哲《てつ》は、水路に降《お》りると、流れてくる水を導《みちび》くようにして歩いていきました。両岸には作業を終えた作業員たちが並《なら》んでじっと見守っています。そしてちょうど正午に、水は水門を通過《つうか》して、ゴールにとう達《たつ》しました。

「神は偉大《いだい》なり！」

歓声《かんせい》が起こり、大きな拍手《はくしゅ》に包《つつ》まれました。

マルワリード用水路二四・八キロメートルが開通した瞬間《しゅんかん》です。それはまた、ガンベリ砂漠《さばく》を緑にすることを可能《かのう》にした瞬間《しゅんかん》でもあったのです。

ＰＭＳによる用水路事業は、改修《かいしゅう》や改良《かいりょう》を加《くわ》えながら、今も継続《けいぞく》されています。この、日本の伝統技術《でんとうぎじゅつ》を用いたＰＭＳ方式は、干《かん》ばつに苦しむアフガニスタン政府《せいふ》からも絶賛《ぜっさん》されました。

用水路を掘《ほ》り進めながら、マドラサとモスクの建設《けんせつ》も行いました。農村の人びとにとって、イスラム教の礼拝施設《れいはいしせつ》であるモスクはとても大切な場所です。また、イスラム教の教えだけでなく、数学や英語《えいご》などの一般《いっぱん》教科も教えるマドラサは、貧《まず》しい家庭の子どもたちも学ぶことができる大切な場所なのです。完成《かんせい》したモスクとマドラサは、住民《じゅうみん》たちのよりどころとなりました。このモスクでは、一二〇〇名が礼拝《れいはい》でき、マドラサでは六〇〇名の子どもたちが学んでいます。

八

命の尊《とうと》さ

哲《てつ》がペシャワールとアフガニスタンで過《す》ごした年月は、医療《いりょう》活動でも水源確保《すいげんかくほ》の事業でも困難《こんなん》の連続《れんぞく》でした。時には作業が妨害《ぼうがい》されるようなこともありました。治安《ちあん》も安定していない中での活動には多くの苦労《くろう》がつきものだったのです。

そうした事業以外《いがい》のことで、つらく悲しいできごとも起こりました。医師《いし》でありながら、「病気はあとで治《なお》すから」と、井戸《いど》を掘《ほ》り、用水路建設《けんせつ》に乗り出した哲《てつ》にとって、命とは何よりも大切なものであり、すべては命を守ることにつながる活動でした。

そんな哲《てつ》が、我《わ》が子を亡《な》くしたのは二〇〇二（平成《へいせい》十四）年十二月のことでした。

哲《てつ》には五人の子がいましたが、亡《な》くなったのは四番目に生まれた男女の双子《ふたご》のうちの男の子のほうでした。その子が、重い脳腫瘍《*のうしゅよう》だとわかったのは、前の年の六月、八歳《さい》五か月の時でした。もともと子どもがかかることは少ない病気なのですが、診断《しんだん》された時には、かなり病気が進んでいました。医師《いし》である哲《てつ》には、その子の行く末《すえ》がわかっていました。それでも、ＰＭＳ事業全体の責任者《せきにんしゃ》である哲《てつ》が、現地《げんち》をはなれるわけにはいきません。病気で苦しむ我《わ》が子のそばに、ずっとよりそうことはできなかったのです。

「たのむから、一か月ぐらい休ませてくれ。」

そう告《つ》げて、哲《てつ》が帰国したのは十二月四日でした。哲《てつ》は我《わ》が子を病院から退院《たいいん》させて最期《さいご》の時を自宅《じたく》でいっしょに過《す》ごすことにしました。

＊脳腫瘍《のうしゅよう》　頭蓋骨《ずがいこつ》の内側《うちがわ》にできた腫瘍《しゅよう》（できもの）。

ある時、哲《てつ》が、あとどれくらい持つだろうかと心配していると、一〇歳《さい》になったばかりの、その子がいいました。

「人間は、いっぺんは死ぬんだから、くよくよすることはないのさ。」

それを聞いた哲《てつ》は、胸《むね》をしめつけられるような気持ちになりながらも、我《わ》が子が死をうけ入れていたのだと、さとるほかありませんでした。

幼《おさな》い我《わ》が子を失《うしな》った哲《てつ》は、空爆《くうばく》と飢餓《きが》で犠牲《ぎせい》になった子どもの親の気持ちがいっそうわかるようになりました。そして、この経験《けいけん》は、*理不尽《りふじん》にうばわれる命を少しでも減《へ》らすための活動に、新たな意味をあたえることになったのでした。

哲《てつ》は、水は命の源《みなもと》だと語っています。用水路に水が来ると、真っ先にやってくるのがトンボ、魚などの動物、そして現地《げんち》の子どもたちです。用水路の第一期工事が終わったあとにも、トンボと子どもたちがかけ

*理不尽《りふじん》　道理に合わないこと、矛盾《むじゅん》していること、筋《すじ》が通らないこと。

つけました。水遊びをする子どもたちの中に、哲《てつ》は、どこかなつかしい背格好《せかっこう》の子を見ました。あり得《え》ないとは思いながらも、哲《てつ》はそれが四年前に亡《な》くなった我《わ》が子なのではないかという気がして、何度もその姿《すがた》を確《たし》かめずにはいられませんでした。

二〇〇八（平成《へいせい》二十）年にも、つらいできごとがありました。日本人ワーカーとして、ＰＭＳの農業事業に長くたずさわっていた三一歳《さい》の青年、伊藤和也《いとうかずや》が、武装《ぶそう》グループに連《つ》れ去られて殺《ころ》されてしまうという痛《いた》ましい事件《じけん》が起こったのです。

そのころのアフガニスタンの社会は、相変《あいか》わらず安定からはほど遠い状態《じょうたい》で、外国人を連《つ》れ去る事件《じけん》なども発生していました。

和也《かずや》が、ペシャワール会のワーカーとしてアフガニスタンにやってきたのは、二〇〇三（平成《へいせい》十五）年の十二月でした。ワーカー志望《しぼう》の動機《どうき》

▲子どもたちと哲《てつ》　（写真：ペシャワール会）

を記した文章の中で、「現地《げんち》の人たちといっしょに成長《せいちょう》していきたい」「アフガニスタンを本来あるべき緑豊《ゆた》かな国に、もどすことをおてつだいしたい」と和也《かずや》は語っています。

赴任《ふにん》した時は用水路建設《けんせつ》をてつだい、翌年《よくねん》の九月からはダラエ・ヌールの試験《しけん》農場を担当《たんとう》するようになった和也《かずや》は、日本米や大豆、サツマイモ、お茶、そしてブドウなどさまざまな作物の栽培《さいばい》にとりくみ、農業支《し》援《えん》の活動を続《つづ》けました。得意《とくい》な料理《りょうり》で仲間《なかま》たちをもてなし、写真を撮《と》るのが好《す》きな青年でした。多くの人に愛《あい》され、特《とく》に子どもたちにもしたわれていた和也《かずや》は、これからずっとダラエ・ヌールで働《はたら》き続《つづ》けることも考えるほど、現地《げんち》にとけこんでいました。

和也《かずや》の死は、哲《てつ》ばかりかペシャワール会の現地《げんち》スタッフたちにも大きな衝撃《しょうげき》をあたえました。現地《げんち》スタッフの中で、和也《かずや》はだれよりも安全に気を配り、また、現地《げんち》の習慣《しゅうかん》を尊重《そんちょう》している人だったからです。

和也《かずや》が亡《な》くなったあと、ペシャワール会報《かいほう》に、哲《てつ》は、次のように記しています。

私《わたくし》たちPMSは、変《か》わらずに事業を継続《けいぞく》して、皆《みな》さんと苦楽を共《とも》に致《いた》したいと思います。それがまた、伊藤《いとう》くんへの追悼《ついとう》*であり、過去《かこ》の戦争《せんそう》で死んだ人びとの鎮魂《ちんこん》**であります。皆《みな》さんの協力《きょうりょく》と要望《ようぼう》がある限《かぎ》り、PMSの活動を止《や》むことなく継続《けいぞく》することを誓《ちか》い、弔辞《ちょうじ》***と致《いた》します。

しかし、この事件《じけん》のあと、哲《てつ》は、

「長い目でアフガン支援《しえん》を見ているので、何かあったからといってすぐに引きあげるのではない。」

ということを強調しながらも、自分以外《いがい》の日本人スタッフ全員を帰国さ

＊追悼《ついとう》　だれかの死を悲しむ気持ちを表すこと。
＊＊鎮魂《ちんこん》　亡《な》くなった人のたましいをなぐさめること。
＊＊＊弔辞《ちょうじ》　亡《な》くなった人におくる別れの言葉。

せることにしたのでした。

　和也《かずや》が深く関《かか》わった農業事業は、用水路づくりの事業と深く関《かか》わりながら、ガンベリに場所を移《うつ》して発展《はってん》していきました。用水路が延長《えんちょう》され、整備《せいび》されるにしたがって、農地の開拓《かいたく》も進みました。麦や米、オリーブ、オレンジ、サトウキビ、ナツメヤシなどが栽培《さいばい》され、二〇一九（平成《へいせい》三十一）年四月には蜂《はち》を飼《か》ってはちみつなどをとる養蜂《ようほう》事業も始められました。

九　日本での講演《こうえん》活動

　哲《てつ》は、日本に帰国した時には、全国各地《かくち》で多くの講演《こうえん》を行いました。講演《こうえん》で、現地《げんち》の状況《じょうきょう》や活動を伝《つた》えたことが、ペシャワール会の財政《ざいせい》を支《ささ》えることにもつながりました。

　二〇〇一（平成《へいせい》十三）年、アメリカで同時多発テロが発生して、アメリカ軍《ぐん》を中心とする多国籍軍《たこくせきぐん》がアフガニスタンへの報復攻撃《ほうふくこうげき》を始めたころは、テレビや新聞では伝《つた》えられない現地《げんち》のことを知りたいと思った多くの人が、講演会場《こうえんかいじょう》に足を運びました。十一月に行われた講演《こうえん》のあとで、哲《てつ》は、

「話下手ですけど、がんばって伝《つた》えていきたい。」

と、取材《しゅざい》に来たテレビ局のインタビューに答えています。

そのころ、ＰＭＳでは、井戸掘《いどほ》りと食糧配給《しょくりょうはいきゅう》にたずさわっていたこともあって、活動を支援《しえん》したいと、全国各地《かくち》の講演会《こうえんかい》に参加《さんか》した人から、多くの寄付《きふ》が集まりました。会員も増《ふ》え、二〇〇二（平成《へいせい》十四）年には一万人をこしました。

司会者《しかいしゃ》が、哲《てつ》をしょうかいすると、会場が大きな拍手《はくしゅ》で包《つつ》まれました。ぶたいの上には画像《がぞう》を映《うつ》すスクリーンが下がり、ぶたいの端《はし》には演台《えんだい》が置《お》かれています。

やがて、ゆっくりとした足取りで登場した哲《てつ》は、観客《かんきゃく》に一礼し、演台《えんだい》の前に立ちました。

そうして、九州《きゅうしゅう》なまりのあるやわらかな語り口で、話し始めます。

「みなさん、こんにちは、中村《なかむら》です。」

最初《さいしょ》に話すのは、ペシャワールに行くことになったいきさつです。哲《てつ》はスライドを見せながら話を進めていきます。

スクリーンには、空から見たヒンズークッシュ山脈《さんみゃく》が現《あらわ》れ、講演《こうえん》の参《さん》加者《かしゃ》たちは、そこが本当に険《けわ》しい山脈《さんみゃく》であること、そしてその山並《やまな》みの美しさを理解《りかい》するのです。

哲《てつ》の語りは時にユーモラスです。講演《こうえん》で、しばしば語るエピソードをしょうかいしましょう。

初《はじ》めて、ヌーリスタンという、アフガニスタンの中で一番高地の山岳《さんがく》民族《みんぞく》が住んでいるところに行った時のことです。哲《てつ》は、現地《げんち》の人から、フランス人かと聞かれたというのです。これまで、中国人や韓国人《かんこくじん》にまちがわれたことはあっても、フランス人かといわれたのには、びっくりしました。そして、哲《てつ》は会場の人びとにこう語ります。

「いくら鏡《かがみ》を見てもですね、それほど彫《ほ》りの深い顔立ちだとは思えない。あとで知りましたが、外国人を初《はじ》めて見るという人たちだったのです。」

その言葉に、会場に笑《わら》いが広がります。

哲《てつ》が、日本人だと告《つ》げると、彼《かれ》らの態度《たいど》がころっと変《か》わって、とても親しみを持って接《せっ》するようになるそうです。なぜならば、日本は、アフガニスタンを苦しめてきたロシアと日露戦争《にちろせんそう》を戦《たたか》って勝利《しょうり》した国、そして広島《ひろしま》・長崎《ながさき》に原爆《げんばく》を落とされて戦争《せんそう》に敗《やぶ》れたあと、経済復興《けいざいふっこう》をとげた国だからです。

「どんな山奥《やまおく》に行っても、日露戦争《にちろせんそう》と広島《ひろしま》・長崎《ながさき》は知っています。」

と哲《てつ》は語ります。

医療《いりょう》活動でも、哲《てつ》は自分の考えを講演《こうえん》の参加者《さんかしゃ》たちに伝《つた》えます。

「私《わたし》たちは当初《とうしょ》から、日本流の医療《いりょう》を持ちこむのではなく、いかに少ないお金で、いかに多くの人に、いかに効果的《こうかてき》に、医療《いりょう》の恩恵《おんけい》をおよぼすか――常《つね》に、そのような考えのもとで活動してまいりました。」

これは、どういうことでしょうか。アフガニスタンというのは、貧富《ひんぷ》の差《さ》が激《はげ》しい国です。先進的《せんしんてき》な医療《いりょう》は治療費《ちりょうひ》も高く、貧《まず》しい人には負担《ふたん》することができません。立派《りっぱ》な医療機器《いりょうきき》を入れても、わずかなお金持ちしか使えないというのであれば、意味がないのです。

お金に関係《かんけい》することだけではありません。哲《てつ》がとても大事にしたのは、現地《げんち》の生活や文化を尊重《そんちょう》するということでした。

「医療《いりょう》というのは人間が人間を対象《たいしょう》とする診療行為《しんりょうこうい》でありますから、相手のことがよくわからないと、本当の治療《ちりょう》はできません。この地域《ちいき》に住む人びとが、どういうことで喜《よろこ》ぶのか、どういうことで悲しむのか、何が苦痛《くつう》なのか、どういうことで怒《おこ》るのか、そういうことがわからないと、本当の診療行為《しんりょうこうい》はできないんですね。」

先進国の人びとは、アフガニスタンのような経済的《けいざいてき》には貧《まず》しい国に対して、上から目線で語ってしまうことがあります。けれども、哲《てつ》は、その地域《ちいき》の慣習《かんしゅう》や文化について、良《よ》い悪い、おとっている優《すぐ》れている、という目では決して見ませんでした。

哲《てつ》が語る言葉は、それだけでも十分に説得力《せっとくりょく》があるのですが、映《うつ》し出されるスライドの数々《かずかず》で、参加者《さんかしゃ》たちはいっそう理解《りかい》を深めます。

「次、お願《ねが》いします。」

という哲《てつ》の声に、スライドが変《か》わります。

険《けわ》しいカイバル峠《とうげ》、哲《てつ》が初《はじ》めて訪《おとず》れたころの診療風景《しんりょうふうけい》、新しくできたPMS病院、ブルカですっぽり身を包《つつ》んだ女性《じょせい》たちが診療《しんりょう》を待つ様子、井戸掘《いどほ》りの現場《げんば》……。

スクリーンに映《うつ》った現地《げんち》の人びとの髪型《かみがた》や服装《ふくそう》など、また男性《だんせい》たちが

▲マルワリード用水路を掘《ほ》る人たち（写真：ペシャワール会）

▲食事をする男性《だんせい》たち。ぼうしをかぶって、ひげを生やしている。（写真：ペシャワール会）

日本では見かけないぼうしをかぶって、ひげを生やしていることなども、写真で見ればすぐに伝《つた》わります。横だおしになった戦車《せんしゃ》や、がれきとなった村の様子の画像《がぞう》からは、内戦《ないせん》の激《はげ》しさを知ります。山岳《さんがく》の診療所《しんりょうじょ》の様子を見ては、険《けわ》しさにおどろき、どろ水を飲む子どもの姿《すがた》を知って、胸《むね》を痛《いた》めるのです。

用水路建設《けんせつ》の様子もスライドで映《うつ》し出されます。かれて荒《あ》れはて砂漠《さばく》のようになった土地が、青々《あおあお》とした麦畑へと変《か》わった様子が映《うつ》し出された時には、会場にどよめきが広がりました。緑の大地というのは、人びとの暮《く》らしにだけでなく、心にもうるおいをあたえるものだと実感する瞬間《しゅんかん》です。

スライドの中に、子どもたちの様子が映《うつ》し出されることがあります。飢餓《きが》や戦乱《せんらん》にさらされながらも、子どもたちの笑顔《えがお》が印象的《いんしょうてき》です。この

▲はしゃぐ子どもたち（写真：ペシャワール会）

ことについて、哲《てつ》は少しユーモアを交えてこんなふうに語ります。

「募金者《ぼきんしゃ》に強い印象《いんしょう》をあたえようと思って、われわれは、あざとくも悲《ひ》惨《さん》な写真を撮《と》ろうと考えたのです。ところが、そういう写真はなかなか撮《と》れないんですね。子どもたちはみな、ニコニコしている。これは私《わたし》が昔から感じていることで、悲惨《ひさん》な状況《じょうきょう》にある者、貧《まず》しい中にある者のほうが明るい顔をしているのです。」

ところが、日本に帰ってきた時に哲《てつ》が感じるのは、助ける側《がわ》のほうが暗い顔をしているということでした。

アフガニスタンのような貧《まず》しく飢饉《ききん》に苦しんでいる国を、なぜ、アメリカや日本やイギリス、ドイツ、フランスなど世界の強国がよってたかってやっつけなければならないのか、と日ごろから疑問《ぎもん》を持っている哲《てつ》は、そのことと、みんなが暗い顔をしていることとは、無関係《むかんけい》ではないのではないか、と考えるのです。

そして、こんなことも語っています。

「アフガニスタンとパキスタンで仕事を続《つづ》けてきたことによって、逆《ぎゃく》に私《わたくし》たちが助かってきたのではないかというふうに思うようになっています。何よりも、くよくよすることがなくなってきた。本当に人間にとって大切なものは何なのか、大切でないものは何なのか、人間が失《うしな》っていいものは何なのか、失《うしな》ってはならないものは何なのか。こういうことについてヒントを得《え》たということ——これはたいへん大きな一つの成果《せいか》であったと感謝《かんしゃ》しております。」

哲《てつ》の講演《こうえん》のスタイルは、だいたい決まっています。年月の流れとともに話すことがらは増《ふ》えていきますが、冒頭《ぼうとう》の説明《せつめい》などは、同じことが多いのです。それでも、哲《てつ》の講演《こうえん》に、何度も足を運ぶ人がたくさんいます。

それは、哲《てつ》の講演《こうえん》を聞くこと、哲《てつ》の生き方にふれることで、聞いた人が
元気づけられるからなのではないでしょうか。

十

一隅《いちぐう》を照《て》らす

川とにらめっこしているうちに寒くなり、河川《かせん》工事の季節《きせつ》がふたたび巡《めぐ》ってきました。みなさん、お元気でしょうか。

そんな書き出しで始まる報告文《ほうこくぶん》のタイトルは、「凄《すさ》まじい温暖化《おんだんか》の影響《えいきょう》——とまれ、この仕事が新たな世界に通ずることを祈《いの》り、来たる年も力を尽《つ》くしたい」というものでした。

この文章が掲載《けいさい》されたペシャワール会の会報《かいほう》が発行されたのは二〇一九（令和《れいわ》元）年十二月四日でした。

その十二月四日。哲《てつ》は帰らぬ人となりました。哲《てつ》の死を、西日本新聞は号外で次のように報《ほう》じました。

アフガニスタン東部ナンガルハル州ジャララバードで四日朝、福岡《ふくおか》市《し》の非政府組織《ひせいふそしき》（NGO）「ペシャワール会」現地《げんち》代表、中村哲《なかむらてつ》医師《いし》（73）らが乗った車が武装《ぶそう》した男らに銃撃《じゅうげき》された。中村《なかむら》さんは、現地《げんち》の病院で手術《しゅじゅつ》を受けたが、日本政府関係者《せいふかんけいしゃ》が死亡《しぼう》を確認《かくにん》した。州報道官《しゅうほうどうかん》によるとボディーガードや運転手ら五人も死亡《しぼう》した。

ペシャワール会は四日、福岡市《ふくおかし》で記者会見し、中村《なかむら》さんは同日朝に宿《しゅく》舎《しゃ》を出て、約《やく》二十キロはなれた灌漑《かんがい》作業の現場《げんば》に向かう途中《とちゅう》に襲撃《しゅうげき》されたと明らかにした。右胸《みぎむね》に銃弾《じゅうだん》一発を受けたが、撃《う》たれた直後は意識《いしき》はあったという。

哲《てつ》の死が知らされると、日本だけでなく世界各地《かくち》の人びとから、死を

▲カブールの空港で行われた式典《しきてん》。ガニ大統領《だいとうりょう》が先頭になってアフガニスタン国旗《こっき》におおわれた棺《ひつぎ》を飛行機《ひこうき》までかついだ。（写真：ロイター / アフロ）

▲死をいたむためにカブールでかかげられた哲《てつ》の写真入りの旗《はた》。「アフガニスタンは本物のヒーローである中村医師《なかむらいし》を失《うしな》った」と書かれている。（写真:ロイター / アフロ）

悲しむ言葉がよせられました。アフガニスタンの首都カブールでも、集会が開かれ、市民《しみん》たちは日本大使館そばの広場に集まり、ろうそくをともして哲《てつ》の業績《ぎょうせき》をたたえ、死をいたみました。

なお、ともに命を落としたPMS職員《しょくいん》の運転手と州政府《しゅうせいふ》からやとわれていた護衛《ごえい》には、ペシャワール会からも保障《ほしょう》と見舞金《みまいきん》が払《はら》われることになりました。

事件《じけん》の真相は、三年たった二〇二二（令和《れいわ》四）年末現在《まつげんざい》も、明らかになってはいません。

アフガニスタンでは、二〇二一（令和《れいわ》三）年の夏にアメリカ軍《ぐん》が完全《かんぜん》に引きはらい、九月にはタリバンの暫定政権《ざんていせいけん》が成立《せいりつ》しました。アフガニスタンの社会は、相変《あいか》わらず不安定《ふあんてい》なままであり、戦乱《せんらん》の影響《えいきょう》だけでなく、干《かん》ばつ被害《ひがい》も深刻《しんこく》で、二〇〇〇（平成《へいせい》十二）年の大干《だいかん》ばつの時以上《いじょう》の、飢餓《きが》が心配されている状況《じょうきょう》です。

そんな中、ペシャワール会は、ＰＭＳの現地《げんち》スタッフと連絡《れんらく》をとりながら、アフガニスタンの支援《しえん》を続《つづ》けています。医療《いりょう》事業はもちろん、用水路事業では新たな堰《せき》と用水路の建設《けんせつ》と今までつくったものの補修《ほしゅう》、そして農業事業でも引き続《つづ》き土地を切り開き木を植えています。その資金《しきん》を日本全国二五〇〇〇人の会員が支《ささ》えているのです。

なぜ、日本から遠くはなれた場所で活動するのか。そう問われた時、哲《てつ》は、自分はたまたま、アフガニスタンと縁《えん》があったのだ、と答えています。医者のだれもが、海外協力《きょうりょく》をする必要《ひつよう》はないし、離島《りとう》などをふくめ、国内でできることだってたくさんあります。医師《いし》としてペシャワールにおもむき、アフガニスタンに活動の場所を広げ、井戸《いど》を掘《ほ》り、用水路をつくったことも縁《えん》なのです。

ペシャワール会の支援《しえん》をうけたＰＭＳの活動は、アフガニスタンの国土全体から見れば、ほんの一部でしかないのも事実です。しかし、大切なのは、その人が置《お》かれた場所で、相手が必要《ひつよう》なものを察《さっ》して力をつくすこと――それは、哲《てつ》が好《す》きな「一隅《いちぐう》を照《て》らす」という言葉につながります。

「一隅《いちぐう》を照《て》らす」とは、もともとは天台宗《てんだいしゅう》*を開いた最澄《さいちょう》の教えで、世間の目立たないところにいても、精一杯《せいいっぱい》つくすことの大切さを説《と》いたものです。

「一隅《いちぐう》を照《て》らす」という言葉があります。一隅《いちぐう》を照《て》らすというのは、一つの片隅《かたすみ》を照《て》らすということですが、それで良《よ》いわけでありまして、世界がどうだとか、国際貢献《こくさいこうけん》がどうだとかいう問題にわずらわされてはいけない。世界中を照《て》らそうとしたら、爆弾《ばくだん》を落とさなくちゃいけない。それよりも、自分の身の回り、出会った人、出会ったできごとの中で人

＊天台宗《てんだいしゅう》　日本の天台宗《てんだいしゅう》は、1200年前の806年、最澄《さいちょう》によって開かれた、仏教《ぶっきょう》の宗派《しゅうは》。

としての最善《さいぜん》をつくすことではないかというふうに思っております。

これは、ある時の講演《こうえん》で哲《てつ》が語ったことです。その時、若《わか》い人びとへのメッセージとして、こんな言葉を続《つづ》けています。

若《わか》い人は目先の利害《りがい》にとらわれず、身をもって良《よ》いと思うことをどんどんやっていただきたい。これは若者《わかもの》の特権《とっけん》です。まちがってもやりかえがきく。私《わたし》たちくらいになると皆許《みなゆる》してくれない。君たちは、悪事でもしない限《かぎ》り、だいたいやりかえがきく。おそれずに歩き回って、正しいと思うことを利害《りがい》にとらわれずにつらぬくことです。

昆虫《こんちゅう》を愛《あい》し、山を愛《あい》した哲《てつ》は、自然《しぜん》をうやまいおそれる心を忘《わす》れない人でした。だからこそ、世界で進行している気候変動《きこうへんどう》に強い関心《かんしん》を持っていました。そしてアフガニスタンの大干《だいかん》ばつは、気候災害《きこうさいがい》の前ぶれだったのではないかと語っています。

温暖化《おんだんか》の原因《げんいん》にはあまり関《かか》わっていないアフガニスタンのような国が、大きな影響《えいきょう》をこうむることに強いいきどおりを示《しめ》して、アフガニスタンの干《かん》ばつを食い止めるのは、世界中の人びとが手をたずさえてとりくまなければならない課題《かだい》だとうったえました。

今日、気候危機《きこうきき》が人間の活動によるものであり、対策《たいさく》が「待ったなし」であることは、日本の社会にも行きわたりつつあります。とはいえ、残念《ざんねん》ながら、日本の対応《たいおう》はあまりほめられたものではありません。一九九五（平成《へいせい》七）年以降《いこう》、国連気候変動枠組条約締約国会議《こくれんきこうへんどうわくぐみじょうやくていやくこくかいぎ》（COP《コップ》）の期間中、国際的《こくさいてき》なネットワーク「CAN《キャン》インターナショナル」が、温暖化対策《おんだんかたいさく》に消極的《しょうきょくてき》だった国にあたえている化石賞《かせきしょう》という不名誉《ふめいよ》な賞《しょう》を、日本は何度も受賞《じゅしょう》しています。

もしも哲《てつ》がこのことを知ったら、どう思ったでしょうか。海水面の上昇《じょうしょう》、台風やハリケーンの大型化《おおがたか》、森林火災《かさい》、洪水《こうずい》や干《かん》ばつなど、世界では地球温暖化《おんだんか》の影響《えいきょう》と思われる気候災害《きこうさいがい》が発生しています。そうしたことを重くうけとめないで、人間が自然《しぜん》を思うように利用《りよう》できると思っている人を、批判《ひはん》した哲《てつ》のことですから、経済《けいざい》を優先《ゆうせん》して環境《かんきょう》をかえりみない日本社会に対して厳《きび》しい目を向けたにちがいありません。

アフガニスタンで大干《だいかん》ばつが発生した時、哲《てつ》は「とにかく生きておれ、病気はあとで治《なお》す」と飲料水《いんりょうすい》の確保《かくほ》にとりくみました。それは、何よりも、命を大切にしていたからです。

大国の事情《じじょう》にふりまわされ、干《かん》ばつに苦しんでいた人びとは、命をおびやかされていました。哲《てつ》は、人びとの命を守るために、たまたま縁《えん》があったアフガニスタンで、水の確保《かくほ》と緑の農地をとりもどすことに力をつくしました。
それはまさに一隅《いちぐう》を照《て》らす活動だったのです。

おわりに

濱野《はまの》 京子《きょうこ》

日本に帰国した時、中村哲医師《なかむらてついし》は、庭に植えた果樹《かじゅ》の手入れをするか、パソコンに向かっているか、本を読んで過《す》ごしていました。

小さいころから本を読むのが好《す》きだった哲《てつ》ですが、自分の生き方を宮沢賢治《みやざわけんじ》の童話『セロ弾《ひ》きのゴーシュ』にたとえています。ゴーシュは夜な夜な訪《おとず》れる動物たちの求《もと》めに応《おう》じてセロを弾《ひ》いていくうちに、セロが上達《じょうたつ》していきます。周《まわ》りの求《もと》めに応《おう》じる中で学んでいったゴーシュに、ペシャワールやアフガニスタンで活動する自分をなぞらえたのでしょう。

中村哲《なかむらてつ》は医師《いし》ですが、文才もある人です。ペシャワール会の会報《かいほう》に、膨大《ぼうだい》な報告《ほうこく》を遺《のこ》していますし、新聞にも多くの記事を書いています。また本もたくさん出版《しゅっぱん》しています。

用水路にいよいよ通水する時の描写《びょうしゃ》などは、とても臨場感《りんじょうかん》があって、目にうかぶようです。みなさんも、将来《しょうらい》ぜひ、哲《てつ》自身が書いた本を読んでみてください。どの本からも、命を守ることを何よりも大切にしながら、現地《げんち》の事情《じじょう》に合わせた活動を続《つづ》けた哲《てつ》の姿《すがた》が伝《つた》わってきます。それをつらぬいた一生は見事だったというほかありません。

人が生きるとはどういうことなのか、相手によりそうとはどういうことか、それを問い続《つづ》けながら、一人でも多くの人が、「一隅《いちぐう》を照《て》らす」という生き方を、自らに引きうけて日々《ひび》を送ってくれることを願《ねが》っています。

私《わたし》が初《はじ》めて中村医師《なかむらいし》の講演《こうえん》を聞いたのは、二〇〇一（平成《へいせい》十三）年十一月のことでした。アメリカで起こった同時多発テロのあとで、通路まであふれるほど多くの人が集まり、マスメディアではなかなか伝《つた》わらない現地《げんち》の様子や、ペシャワール会の現地《げんち》活動についての話に耳をかたむけました。その後、何度も講演《こうえん》を聞きましたが、今も独特《どくとく》の語り口が耳に残《のこ》っています。機会《きかい》があったらまたお話を聞きたいと思っていましたが、それはもうかないません。

不幸《ふこう》な事件《じけん》で命を絶《た》たれた中村哲《なかむらてつ》という人に、もっと長生きしてほしかった、もっとアフガニスタンで活動してほしかったと多くの人が思っていることでしょう。

けれども、哲《てつ》の活動は、現地《げんち》のＰＭＳの人びとに引きつがれ、それを多くのペシャワール会会員たちが支《ささ》えています。

資《し》 料《りょう》

中《なか》村《むら》哲《てつ》

哲《てつ》をとりまく人びと

中村哲《なかむらてつ》の考え方に影響《えいきょう》をあたえた人、ともに活動をした人をしょうかいします。

影響《えいきょう》をあたえた人

火野葦平《ひのあしへい》
一九〇七年～一九六〇年

小説家《しょうせつか》。日中戦争《にっちゅうせんそう》に出征中《しゅっせいちゅう》に『糞尿譚《ふんにょうたん》』で芥川賞《あくたがわしょう》を受《じゅ》賞《しょう》。兵隊《へいたい》作家として評判《ひょうばん》となったため、戦後《せんご》は戦犯《せんぱん》作家とされ、批判《ひはん》をあびた時期もあった。哲《てつ》の伯父《おじ》（母の兄）にあたり、小説《しょうせつ》『花と龍《りゅう》』には、祖父母《そふぼ》の玉井金五郎《たまいきんごろう》、マンなど哲《てつ》の家族がモデルとして登場している。

内村鑑三《うちむらかんぞう》
一八六一年～一九三〇年

思想家《しそうか》、文学者《ぶんがくしゃ》、キリスト教徒《きょうと》。江戸《えど》の生まれで、札幌農《さっぽろのう》学校卒業後《がっこうそつぎょうご》、農商務省《のうしょうむしょう》などを経《へ》てアメリカへ留学《りゅうがく》。デンマークの大人向けの学校、フォルケホイスコーレを視察《しさつ》し、日本にも農学校《のうがっこう》をつくった。内村《うちむら》が書いた本『後世《こうせい》への最大遺物《さいだいいぶつ》』に若《わか》い時に影響《えいきょう》をうけた哲《てつ》は、のちにアフガニスタンにも持っていっている。

藤田《ふじた》千代子《ちよこ》

一九五八年～

鹿児島県《かごしまけん》生まれ。哲《てつ》の講演《こうえん》を聞いたのをきっかけに、一九九〇年からパキスタンで看護《かんご》活動や現地《げんち》スタッフの育成《いくせい》などを行い、哲《てつ》と行動をともにした。女性《じょせい》の行動に制限《せいげん》がある現地《げんち》では、かけがえのない存在《そんざい》となった。とくに、哲《てつ》がアフガニスタンで治水《ちすい》事業を始めてからは、藤田《ふじた》が医療《いりょう》活動の中心となって活やくした。現地《げんち》の治安《ちあん》が悪くなったため、やむをえず二〇〇九年に帰国したが、今も日本から支援《しえん》にあたっており、哲《てつ》が亡《な》くなってからも、引き続《つづ》きペシャワール会の中心となって活動している。

二〇二一年、看護《かんご》分野の国際的貢献者《こくさいてきこうけんしゃ》におくられる、フローレンス・ナイチンゲール記章を受章した。

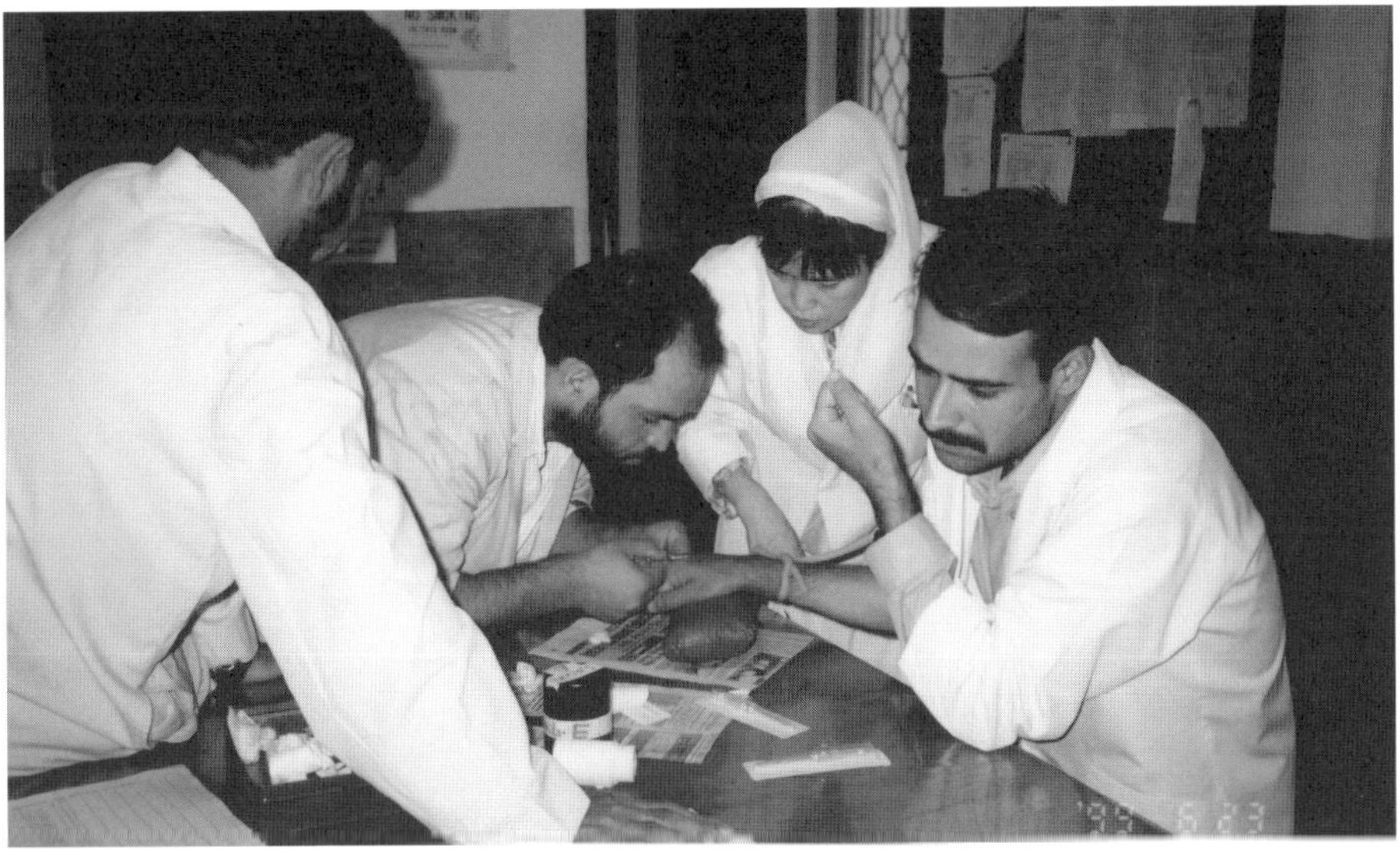

現地《げんち》での活動の様子。右から２番目。（写真：ペシャワール会）

哲《てつ》をもっと知ろう

アフガニスタンってどんな国?

哲《てつ》が過《す》ごしたパキスタンやアフガニスタンは、日本から遠くはなれている国です。

アフガニスタンは、アジア大陸《たいりく》の中央にあり、中国やイラン、パキスタンなど6か国に囲《かこ》まれていて、海に面していない内陸国《ないりくこく》です。国土の大部分が高くて険《けわ》しい山や高原、砂漠《さばく》です。

アフガニスタンはいくつかの民族《みんぞく》が暮《く》らす多民族《たみんぞく》国家で、それぞれの民族《みんぞく》が言葉を持っています。たとえばパシュトゥーン族はパシュトゥ語、タジク族はペルシア語など、同じ国の国民《こくみん》でも、ちがう言葉を話すのです。

他にも日本とはちがうことがいろいろあります。どんな国かみてみましょう。

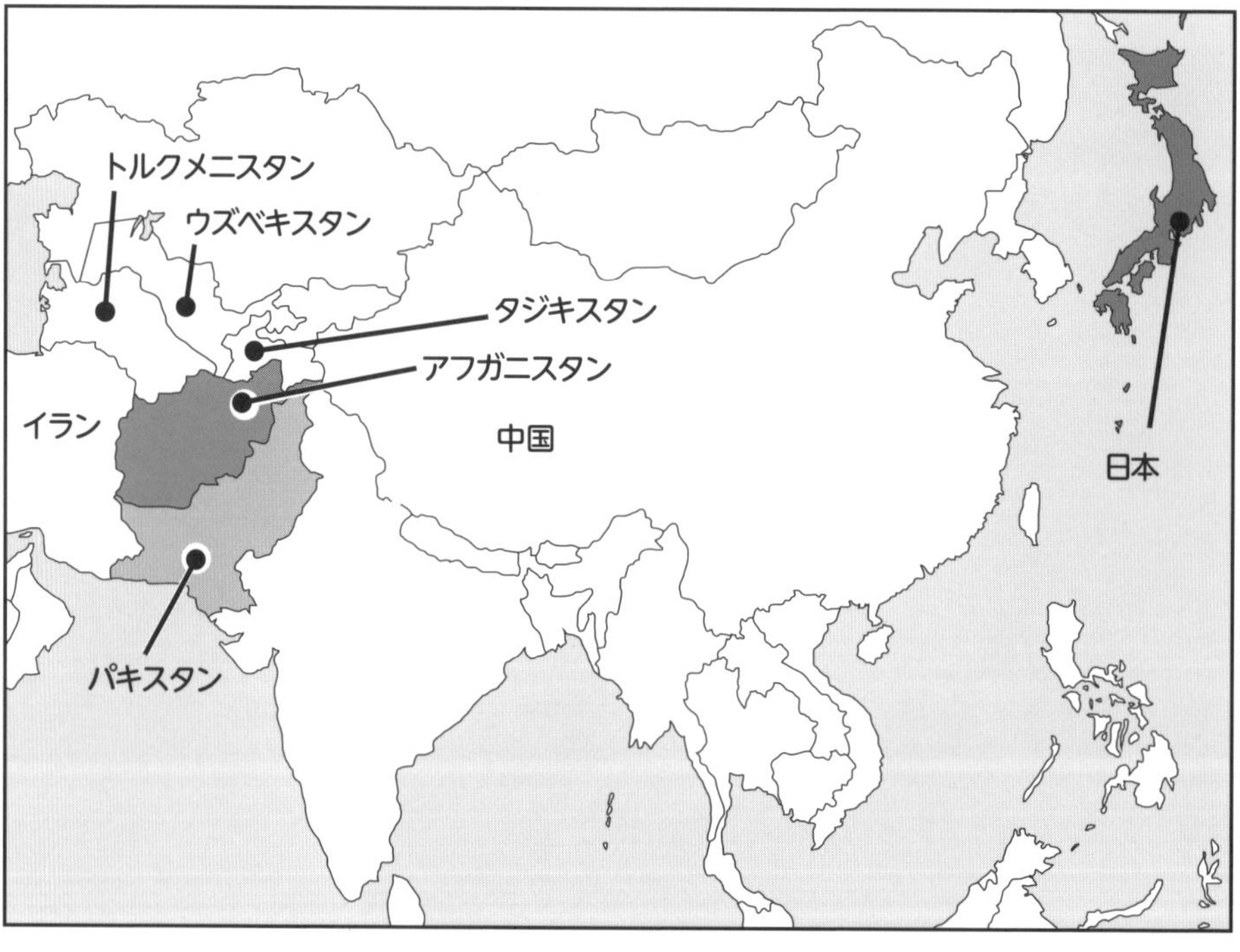

伝統的《でんとうてき》な服装《ふくそう》

アフガニスタンでは、女性《じょせい》が外出する時に「ブルカ」というかぶりものをする伝統的《でんとうてき》な習慣《しゅうかん》があります。左の写真のように、全身をすっぽりおおうものです。これは女性《じょせい》に対する差別《さべつ》ではないかという人もいます。でも哲《てつ》は、現地《げんち》の文化を尊重《そんちょう》しました。哲《てつ》自身も、男性《だんせい》がかぶる「パコール」というぼうしをつけ、ひげを生やして、現地《げんち》の人びとにすっかりとけこんでいました。

▲ブルカをかぶった女性《じょせい》たち

目の部分はあみ目になっていて、前を見ることができている。

（写真：ペシャワール会）

◀ぼうしをかぶった哲《てつ》

哲《てつ》がぼうしを置《お》き忘《わす》れてしまった時に、だれかがわざわざ遠くから持ってきてくれたことがあった。哲《てつ》はその優《やさ》しさと、物を大切にする心に感動した。

（写真：ペシャワール会）

人が集まる大切な場所

哲《てつ》は、住民《じゅうみん》の願《ねが》いをうけ、用水路のそばにモスク（イスラム教礼拝所《れいはいじょ》）とマドラサ（教育施設《しせつ》）を建《た》てました。マドラサは、アラビア語で「学ぶ場所」という意味で、貧《まず》しい子どもも学ぶことができる場所です。哲《てつ》は「恵《めぐ》まれぬ子どもたちの福祉機関《ふくしきかん》であり、人びとが協力《きょうりょく》する場所であり、地域《ちいき》を束《たば》ねる要《かなめ》」とペシャワール会の会報《かいほう》で報告《ほうこく》しています。しかし、マドラサはイスラム教に関連《かんれん》した施設《しせつ》のため、外国軍《ぐん》は支援《しえん》どころか空爆《くうばく》の対象《たいしょう》としたほどで、建設《けんせつ》にはたいへん苦労《くろう》しました。

ここでは、文字や計算などのほか、爆弾《ばくだん》の見分け方など、命に関《かか》わることも教えられています。

◀授業《じゅぎょう》の様子

社会で生きていくために必要《ひつよう》なことを学んでいる。

（写真:ペシャワール会）

アフガニスタンでは、イスラム教の影響《えいきょう》で男女が分かれて行動しなければならない場所があります。このマドラサは男子のクラスがつくられました。そして哲《てつ》は、女子の学校も建《た》てると約束《やくそく》していました。

▲下校の様子　（写真：ペシャワール会）

◀外で授業《じゅぎょう》

寒い季節《きせつ》は、日の当たる外の方があたたかいので、黒板を持ち出して授業《じゅぎょう》をしている。

（写真：ペシャワール会）

農業国アフガニスタン

アフガニスタンは内陸国《ないりくこく》で雨が少なく、とても乾燥《かんそう》しています。一方、春の強い雨や、急激《きゅうげき》な雪解《ゆきど》けによって洪水《こうずい》もたびたび起こります。暑さと寒さの差《さ》が激《はげ》しく厳《きび》しい気候《きこう》の土地です。

多くの人が牧畜《ぼくちく》（おもに牛と羊）と農業で生活をしているため、土地が砂漠化《さばくか》して植物が生えなくなったら暮《く》らしていくことができません。乾燥《かんそう》していると火事も多発します。二〇〇〇年の大干《だいかん》ばつでは農地は荒《あ》れ、アフガニスタンを出ていく人が増《ふ》えました。

哲《てつ》が「百の診療所《しんりょうじょ》より一本の用水路」といって治水《ちすい》事業に乗り出したのは、農業ができる土地をとりもどし、人びとの生活と命を守るためです。

▲アフガニスタンの食事

主食はナン（平たくて大きな釜焼《かまや》きのパン）です。米も食べられています。玉ねぎや油、トマトなどといっしょに炊《た》いて食べます。おかずは野菜が中心で、豚肉《ぶたにく》は食べません。海がないので魚もあまり食べません。（写真：ペシャワール会）

近年、アフガニスタンの自然災害《しぜんさいがい》はますますひどくなっています。それには地球温暖化《おんだんか》による急激《きゅうげき》な気温上昇《じょうしょう》が影響《えいきょう》しています。しかし、地球温暖化《おんだんか》の原因《げんいん》は、アフガニスタンの人びとではなく、日本をふくめた、都市で暮《く》らす人びとの生活なのです。

アフガニスタンは遠くはなれた国ですが、地球はつながっています。

▲米の収穫《しゅうかく》 (写真:ペシャワール会)

▲サツマイモの収穫《しゅうかく》 (写真:ペシャワール会)

ナツメヤシ（デーツ）の収穫《しゅうかく》▶
(写真:ペシャワール会)

▼乾燥《かんそう》したナツメヤシ
(写真:ペシャワール会)

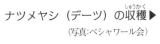

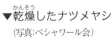

哲《てつ》の人生と、生きた時代

中村哲《なかむらてつ》の人生に起きた出来事、ペシャワール会やＰＭＳの活動をしょうかいします。世界では何が起こっていたのかも見ていきましょう。

時代	西暦	年齢	哲《てつ》の出来事	世の中の出来事
昭和	一九四六	〇歳	九月十五日福岡市《ふくおかし》で生まれる	日本国憲法《けんぽう》が公布《こうふ》される
	一九七三	二十七歳	九州《きゅうしゅう》大学医学部を卒業《そつぎょう》	日本で第一次オイルショック
	一九七八	三十二歳	登山隊《とざんたい》の医師《いし》として初《はじ》めてパキスタンを訪《おとず》れる	
	一九七九	三十三歳	尚子《なおこ》と結婚《けっこん》する	ソ連軍《れんぐん》がアフガニスタンに侵攻《しんこう》
	一九八三	三十七歳	パキスタンへの派遣《はけん》が決まり、哲《てつ》を支《ささ》える組織《そしき》、ペシャワール会ができる	東京ディズニーランド開園
	一九八四	三十八歳	ペシャワールの病院でハンセン病を担当《たんとう》する	
	一九八六	四十歳	パキスタンでのアフガン難民診療《なんみんしんりょう》を本格化《ほんかくか》し、さらにアフガニスタンでも活動を始める	チョルノービリ（チェルノブイリ）原発事故《げんぱつじこ》が起こる

平成

一九八九	四十三歳	『ペシャワールにて』（石風社《せきふうしゃ》）を刊行《かんこう》。以降《いこう》、多くの著書《ちょしょ》を出版《しゅっぱん》する	ドイツのベルリンの壁《かべ》が崩壊《ほうかい》 ソ連軍《れんぐん》がアフガニスタンを撤退《てったい》
一九九〇	四十四歳	パキスタンに最初《さいしょ》の診療所《しんりょうじょ》を開設《かいせつ》する	東西ドイツが統一《とういつ》される
一九九一	四十五歳	アフガニスタンに最初《さいしょ》の診療所《しんりょうじょ》を開設《かいせつ》する	湾岸戦争《わんがんせんそう》がおこる ソ連《れん》が崩壊《ほうかい》してロシアになる
一九九二	四十六歳	山岳無医《さんがくむい》地区に次つぎと診療所《しんりょうじょ》を開設《かいせつ》する	アフガニスタン難民《なんみん》の帰還《きかん》が始まる
一九九六	五十歳	医療功労賞《いりょうこうろうしょう》を受賞《じゅしょう》する	タリバン政権樹立《せいけんじゅりつ》
一九九八	五十二歳	PMS発足《はっそく》。ペシャワールにPMS基地病院《きちびょういん》を開設《かいせつ》	
一九九九	五十三歳		タリバンに対する経済制裁《けいざいせいさい》決定
二〇〇〇	五十四歳	飲料水《いんりょうすい》を確保《かくほ》するために井戸《いど》を掘《ほ》りはじめる	アフガニスタンで大干《だいかん》ばつ
二〇〇一	五十五歳	カブールに五か所の臨時診療所《りんじしんりょうじょ》を開設《かいせつ》する 日本の国会でアフガニスタンについて演説《えんぜつ》をする 「アフガンいのちの基金《ききん》」を設立《せつりつ》して食糧《しょくりょう》の配給《はいきゅう》を始める	国際支援団体《こくさいしえんだんたい》がアフガニスタンから撤退《てったい》する アメリカで同時多発テロが起こる カルザイ暫定政権《ざんていせいけん》が樹立《じゅりつ》

時代	西暦	年齢	哲《てつ》の出来事	世の中の出来事
平成	二〇〇二	五十六歳	ダラエ・ヌール渓谷《けいこく》に試験《しけん》農場を開設《かいせつ》 「緑の大地計画」を発表	カルザイ大統領《だいとうりょう》が就任《しゅうにん》
	二〇〇三	五十七歳	マルワリード用水路工事を始める フィリピンのマグサイサイ賞《しょう》「平和・国際理解《こくさいりかい》部門」受賞《じゅしょう》	イラク戦争《せんそう》が始まる
	二〇〇七	六十一歳	マルワリード用水路が一三キロメートル地点に達《たっ》する	
	二〇〇八	六十二歳	イスラム教のモスク（礼拝堂《れいはいどう》）やマドラサ（教育施設《しせつ》）をつくりはじめる 日本人ワーカーの伊藤和也《いとうかずや》氏《し》が亡《な》くなる	
	二〇〇九	六十三歳	マルワリード用水路がガンベリ砂漠《さばく》に達《たっ》する	
	二〇一〇	六十四歳	水路が開通して廃村《はいそん》が次々《つぎつぎ》と復活《ふっかつ》する モスクとマドラサが完成《かんせい》する	アフガニスタンとパキスタンで大洪水《こうずい》が起こる
	二〇一一	六十五歳	カマ第二堰《せき》用水路をつくる	東日本大震災《だいしんさい》が起こる
	二〇一二	六十六歳	マルワリード＝カシコート連続堰《れんぞくせき》の工事を始める ＰＭＳガンベリ事務所《じむしょ》を設立《せつりつ》して農業班《はん》をつくる アフガニスタンの経済省《けいざいしょう》がＰＭＳの活動を表彰《ひょうしょう》する	東京スカイツリー開業
	二〇一四	六十八歳	ガンベリで畜産《ちくさん》を始める サトウキビをつくり黒砂糖《くろざとう》生産《せいさん》を復活《ふっかつ》させる ダラエ・ヌール診療所《しんりょうじょ》が州政府《しゅうせいふ》から表彰《ひょうしょう》される	

平成	二〇一七	七十一歳	日本大使館の支援《しえん》でナツメヤシ四六四本をガンベリ農場に植える	
	二〇一八	七十二歳	ＰＭＳと哲《てつ》がアフガニスタンの国家勲章《こっかくんしょう》を受章する	
令和	二〇一九	七十三歳	ＰＭＳ取水方式の標準設計《ひょうじゅんせっけい》が確立《かくりつ》する 植樹《しょくじゅ》の数が百万本をこえる ガンベリ農場で養蜂《ようほう》を始めて蜜《みつ》を取りはじめる アフガニスタン・イスラム共和国市民証《きょうわこくしみんしょう》をあたえられる 十二月四日、車で移動中《いどうちゅう》に銃撃《じゅうげき》をうけ病院で亡《な》くなる カブールの空港で追悼式典《ついとうしきてん》、福岡《ふくおか》で葬儀《そうぎ》が行われる	
	二〇二〇		ガンベリ公園にドクターサーブナカムラ記念塔《きねんとう》が建設《けんせつ》される	
	二〇二一			アメリカ軍《ぐん》がアフガニスタンから完全撤退《かんぜんてったい》
	二〇二三		バルカシコート堰《せき》が現地《げんち》の人によってつくられる 診療所《しんりょうじょ》を「ドクターサーブ中村《なかむら》メモリアルダラエヌールクリニック」に改名《かいめい》する	

ともに活動した人びと

哲《てつ》の活動が広がるにつれて、支《ささ》える人たちの活動も、医療《いりょう》事業、治水《ちすい》事業、農業事業と広がっていきました。それは現在《げんざい》も続《つづ》いています。

●ペシャワール会

中村哲《なかむらてつ》医師《いし》の医療《いりょう》活動を支《ささ》える目的《もくてき》でつくられた会です。活動費《かつどうひ》を集めたり、現地《げんち》の様子などを報告《ほうこく》する会報《かいほう》をつくって配ったり、講演《こうえん》活動をしています。

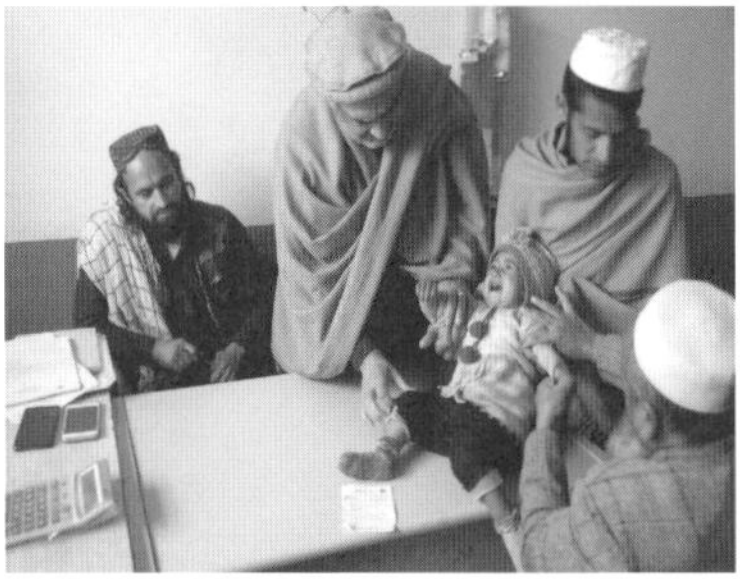

ＰＭＳ医師《いし》たちによる診察《しんさつ》

（日本の事務所）
〒810-0003
福岡市中央区春吉 1-16-8 VEGA 天神南 601
TEL 092-731-2372（受付時間 9:00 ～ 18:00）
http://www.peshawar-pms.com

ペシャワール会の活動は、会費《かいひ》や寄付《きふ》で支《ささ》えられています。会報《かいほう》の発送などは、多くのボランティアによって行われています。

くわしくは、ホームページを見てください。

バルカシコート堰《せき》の完成《かんせい》を喜《よろこ》ぶＰＭＳ職員《しょくいん》と村人たち　2022 年 2 月 28 日

資料提供・協力

ペシャワール会

西日本新聞社

毎日新聞社 / アフロ

ロイター / アフロ

参考資料

ペシャワール会報　ペシャワール会ウェブサイト（ペシャワール会事務局）

九州大学附属図書館　中村哲著述アーカイブ

西日本新聞　2019年12月4日号外

『医は国境を越えて』（中村哲・著　石風社）

『医者 井戸を掘る　―アフガン旱魃との闘い』（中村哲・著　石風社）

『医者、用水路を拓く　―アフガンの大地から世界の虚構に挑む』（中村哲・著　石風社）

『人は愛するに足り、真心は信ずるに足る―アフガンとの約束』

（中村哲・著　澤地久枝・聞き手　岩波書店）

『天、共に在り ―アフガニスタン三十年の闘い』（中村哲・著　NHK 出版）

『希望の一滴　―中村哲、アフガン最期の言葉』（中村哲・著　西日本新聞社）

『ドクターサーブ　中村哲の15年』（丸山直樹・著　石風社）

『丸腰のボランティア すべて現場から学んだ』

（中村哲・編　ペシャワール会日本人ワーカー・著　石風社）

『アフガニスタンの大地とともに 伊藤和也 遺稿・追悼文集』（ペシャワール会・編　石風社）

『花と龍』（上／下）（火野葦平・著　岩波書店）

『後世への最大遺物／デンマルク国の話』（内村鑑三・著　岩波書店）

『アフガニスタン　戦乱の現代史』（渡辺光一・著　岩波新書）

＊とくに、9章、10章の講演内容については、以下の本を資料といたしました。

『中村哲さん講演録　平和の井戸を掘る アフガニスタンからの報告』

（中村哲・述　ピースウォーク京都）

『医者よ、信念はいらない　まず命を救え！　アフガニスタンで「井戸を掘る」医者中村哲』

（中村哲・著　羊土社）

著者紹介

作者

濱野京子（はまの　きょうこ）

熊本県に生まれ、東京に育つ。『フュージョン』（講談社）でJBBY賞を、『トーキョー・クロスロード』（ポプラ社）で坪田譲治文学賞を受賞。その他の作品に、『アカシア書店営業中！』『ビブリオバトルへ、ようこそ！』『夏休みに、ぼくが図書館でみつけたもの』『わたしたちの物語のつづき』（以上あかね書房）、『くりぃむパン』『with you』（以上くもん出版）、『バンドガール！』（偕成社）、『この川のむこうに君がいる』（理論社）などがある。埼玉県在住。

企画・編集

野上　暁（のがみ　あきら）

日本ペンクラブ常務理事、JBBY副会長、東京純心大学こども文化学科客員教授。

装丁　白水あかね

編集協力　平勢彩子

伝記を読もう　28

中村哲
命の水で砂漠を緑にかえた医師

2023年3月　初　版
2024年8月　第3刷

作　者　濱野京子

発行者　岡本光晴
発行所　株式会社 あかね書房
〒101-0065　東京都千代田区西神田 3-2-1
電話　03-3263-0641（営業）　03-3263-0644（編集）
https://www.akaneshobo.co.jp
印刷所　TOPPANクロレ 株式会社
製本所　株式会社 難波製本

NDC289　144p　22cm　ISBN 978-4-251-04629-1

伝記を読もう

人生っておもしろい！
さまざまな分野で活躍《かつやく》した人たちの、
生き方、夢《ゆめ》、努力《どりょく》…… 知ってる？

❶ **坂本龍馬《さかもとりょうま》**
世界を夢《ゆめ》見た幕末《ばくまつ》のヒーロー

❷ **豊田喜一郎《とよだきいちろう》**
自動車づくりにかけた情熱《じょうねつ》

❸ **やなせたかし**
愛《あい》と勇気《ゆうき》を子どもたちに

❹ **伊能忠敬《いのうただたか》**
歩いて作った初《はじ》めての日本地図

❺ **田中正造《たなかしょうぞう》**
日本初《はつ》の公害《こうがい》問題に立ち向かう

❻ **植村直己《うえむらなおみ》**
極限《きょくげん》に挑《いど》んだ冒険家《ぼうけんか》

❼ **荻野吟子《おぎのぎんこ》**
日本で初《はじ》めての女性医師《じょせいいし》

❽ **まど・みちお**
みんなが歌った童謡《どうよう》の作者

❾ **葛飾北斎《かつしかほくさい》**
世界を驚《おどろ》かせた浮世絵師《うきよえし》

❿ **いわさきちひろ**
子どもの幸せと平和を絵にこめて

⓫ **岡本太郎《おかもとたろう》**
芸術《げいじゅつ》という生き方

⓬ **松尾芭蕉《まつおばしょう》**
俳句《はいく》の世界をひらく

⓭ **石井桃子《いしいももこ》**
子どもたちに本を読む喜《よろこ》びを

⓮ **円谷英二《つぶらやえいじ》**
怪獣《かいじゅう》やヒーローを生んだ映画監督《えいがかんとく》

⓯ **平賀源内《ひらがげんない》**
江戸《えど》の天才アイデアマン

⓰ **椋《むく》　鳩十《はとじゅう》**
生きるすばらしさを動物物語《どうぶつものがたり》に

⓱ **ジョン万次郎《まんじろう》**
海をわたった開国の風雲児《ふううんじ》

⓲ **南方熊楠《みなかたくまぐす》**
森羅万象《しんらばんしょう》の探究者《たんきゅうしゃ》

⓳ **手塚治虫《てづかおさむ》**
まんがとアニメでガラスの地球《ちきゅう》を救《すく》え

⓴ **渋沢栄一《しぶさわえいいち》**
近代日本の経済《けいざい》を築《きず》いた情熱《じょうねつ》の人

㉑ **津田梅子《つだうめこ》**
日本の女性《じょせい》に教育で夢《ゆめ》と自信を

㉒ **北里柴三郎《きたざとしばさぶろう》**
伝染病《でんせんびょう》とたたかった不屈《ふくつ》の細菌《さいきん》学者

㉓ **前島《まえじま》　密《ひそか》**
郵便《ゆうびん》で日本の人びとをつなぐ

㉔ **かこさとし**
遊びと絵本で子どもの未来を

㉕ **阿波根昌鴻《あはごんしょうこう》**
土地と命を守り沖縄から平和を

㉖ **福沢諭吉《ふくざわゆきち》**
自由と平等を教えた思想家

㉗ **新美南吉《にいみなんきち》**
愛《あい》と悲しみをえがいた童話作家

㉘ **中村《なかむら》　哲《てつ》**
命の水で砂漠《さばく》を緑にかえた医師《いし》

㉙ **牧野富太郎《まきのとみたろう》**
植物研究ひとすじに

㉚ **丸木《まるき》　俊《とし》**
「原爆《げんばく》の図」を描《えが》き世界に戦争《せんそう》を伝《つた》える